THIS FLEETING WORLD

A SHORT HISTORY OF HUMANITY

David Christian

極簡人類史

從宇宙大爆炸——>到21世紀

大衛・克里斯提安

一切有為法　如夢幻泡影
如露亦如電　應作如是觀

——《金剛經》

Contents

3・加速／農耕時代

4 我們的世界／近現代

附錄

讚譽推薦

自從觀看了大衛・克里斯提安講授的「大歷史」課程，我便成了他忠實的學生。因此當我看到本書各章節中，令人醍醐灌頂的世界歷史陳述時，我自然十分高興。希望本書能讓更多的讀者認識這位頗有天資的科學家兼教師。

比爾・蓋茨(Bill gates)

大衛・克里斯提安……在搜集資料、高效處理資料以及思路清晰地寫作方面，擁有獨特的天賦。他能深入淺出地講解歷史，語言富有感染力，但又不至於引起讀者的不滿。讀者們大可放心地依靠他，獲得敏銳且內容豐富、見解深刻、充滿反思意味而又極其簡要的歷史概觀。

世界史知名學者，費南德茲・阿梅斯托(Felipe Fernández-Armesto)

通過將人類歷史置於自然環境的大背景下進行系統化思考，大衛・克里斯提安形成了令人眼前一亮的獨特歷史觀。這本《極簡人類史》對其主要觀點進行了簡要清楚的論述，對歷史學家和普通大眾均有借鑒意義。

全球史知名學者，傑瑞．H．本特利（Jerry H. Bentley）

最好的「大歷史」就是簡單明瞭的小冊子。大衛．克里斯提安的這本小書，最好地滿足了現代社會不斷增長的對極簡「大歷史」的需求。我認為本書最好的地方，就是它並非面面俱到地講述歷史事實。《極簡人類史》充滿了閃爍著智慧光芒的優雅語句，鼓勵學生從「大歷史」的視角重新看待自己所接受的教育，鼓勵他們在已經存在了二十五萬年，並且越來越成為一體的人類世界中，找到自己的位置。

《連結世界歷史》雜誌，威廉．埃弗德爾（William Everdell）

大衛．克里斯提安是「大歷史」領域的哥白尼。他的思路大氣恢宏，理念縝密嚴謹，其力量足以迫使我們重新思考以往所有從小範圍、短時段層面講述的歷史。

加州大學聖克魯斯分校，泰瑞．伯克（Terry Burke）

《極簡人類史》為讀者提供了世界歷史的「遠景」：大到遠遠超過最近幾千年的歷史，卻又簡單得讓普通讀者都感覺輕鬆易懂。閱讀克里斯提安的作品是一種享受，因為他能將歷史講得平易近人，而且又不會忽略其中微妙複雜的細節和偶然性因素。

美國大學委員會世界歷史課程顧問，比爾．思特里克蘭（Bill Strickland）

本書專為輔助教師課堂教學而設計，易於課堂閱讀所用，是不可多得的課堂資源。

青年支持者之聲（Voice of Youth Advocates）

本書就像一種精美的藝術，剔除了所有的冗餘，將歷史剝離到最本質的核心成分，展示了迄今為止，人類歷史演變中不為人知的共性部分。大衛．克里斯提安為我們提供了一種理念框架，這個框架將互相割裂的人類歷史碎片，彙聚成一個有意義的統一整體。《極簡人類史》有力地回應了人類歷史毫無聯繫、碎片化的後現代觀點，它揭示了看似雜亂無序的人類歷史，其背後所隱藏的目的和意義。

偉谷州立大學，克雷格．班傑明（Craig Benjamin）

序言

我們迫切地需要理解整個人類的歷史，這正是眼前這本《極簡人類史》（This Fleeting World）的寫作初衷。今天的世界聯繫空前緊密，面臨的問題也越來越多。生活在地球村，我們不但要瞭解彼此的分歧，更應該清楚彼此共同的關切。如果我們想避免因戰爭或生態崩潰（或兩者共同作用）導致的全球性危機，「人性共通」和「全球公民」的意識就必須在未來幾十年中發揮更加重要的作用。為了理解我們作為人類的共同關切，我們必須清楚人類有一部屬於自己的「大歷史」，這是一部超越特定地區、國家、民族甚至不同世界的「大歷史」。正如「一戰」剛剛結束時，H. G. 威爾斯（H. G. Wells）在《世界史綱》（The Outline of History）一書中寫到的一樣：「沒有共同的歷史觀，就沒有和平與繁榮。倘若在合作中缺乏共同的價值理念，僅憑狹隘、自私且彼此矛盾的所謂『國家傳統』行事，不同種族、民族的人們就註定滑向衝突和毀滅。」

就在威爾斯寫下上述文字前後，據稱亨利・福特（Henry Ford）也曾說過，歷史仿佛是由「一個接一個了無生趣的事實」組成的。（我們無從得知福特是否讀過《世界史綱》一書，如果讀過，他又該作何感想。）類似的歷史並無太大意義。學生常常不知為何而學，而教師也常常不知為何而教。如果歷史能夠向讀者講述我們身處的社會和周遭世界的趣事、要事，剖析前因後果，引人入勝而又催人奮進，那麼歷史是值得學、值得教的。要使細節產生意義，我們必須將其置於一個更大的歷史演變中，觀察一個特定民族、國家、群體或世界的歷史演變。

但究竟是何種演變和哪些群體呢？歷史學家在不同的維度進行歷史敘事。有人書寫特定的社群或歷史事件，如第一次世界大戰或阿茲特克帝國的興起。有人在更高的歷史維度敘述，涵蓋整個歷史時期或區域，如古羅馬史或美國史。這些都是我們熟知的歷史敘事，而且書寫美國史甚至整個西方文明史其實都相對簡單。此外還有第三維度，即我們今天熟知的世界史。世界史學者們試圖探尋世界不同地區、不同時代之間千絲萬縷的聯繫，讓我們更深刻地理解歷史細節如何連接著更宏大的歷史演變。當然，這是一項艱鉅的任務：世界歷史敘事自然比特定國家或民族的歷史敘事包含「更多的史實」，這也是為何講述世界歷史更加困難的原因。《極簡人類史》一書正是為了幫助讀者瞭解世界歷史而寫。

當我們進一步涉足被稱為「大歷史」的更為宏大的歷史敘事時，任務就變得更加艱鉅。大歷史演變過程將人類歷史和地球歷史融入宇宙演化史。典型的大歷史敘事通常從多個維度審視歷史。它往往從宇宙學家稱之為「大爆炸」的宇宙開端落筆，在開頭幾頁就進行描述；接下來，隨著原始宇宙（僅由氫原子、氦原子和大量能量組成）產生日益複雜的事物，大歷史開始描述逐漸出現的更加複雜的實體。許多學生認為，大歷史課程可以滿足他們對生命、地球和宇宙等宏觀問題的好奇心，而這些話題恰恰又是他們十分希望瞭解卻被大部分學校課程忽略的東西。正是出於這個原因，他們希望討論這個宏大故事的最新走向，他們希望討論未來。這自然而然將歷史引入了環境研究領域，後者也是一個有許多問題亟待解決的領域。什麼是「人類世」（Anthropocene epoch）？廉價能源是否會耗盡？新技術能夠支撐人類的持續性發展嗎？對於這些問題，我們無法提供確切的答案，但我們對於世界歷史的了解，以及對人類世界以外更宏觀領域的「大歷史」的領悟，必將有助於我們把握上述議題的實質。

一些人懷疑，即使我們將歷史回溯至地球起源，我們恐怕也無法得到一部連貫的人類史。但事實上，這部人類史一直存在，而且在今天的全球化背景下，其重要性日益凸顯。這本《極簡人類史》旨在通過講述一部人類簡史，幫助讀者瞭解世界歷史的概要。我希望本書能幫助讀者釐清世界歷史中紛繁蕪雜的歷史事實，成為他們在這個陌生領域的導航地圖和指南針。從這個意義上講，《極簡人類史》就是一套導航工具，它的作用就像學習地理時所用的地圖：它如同一個宏觀的提綱，讓你在學習具體史實的時候，腦海中始終存有更大的歷史背景。你還可以把它想像成乘飛機俯瞰曾經徒步穿越過的鄉村。乘飛機或許看不到太多的細節，但你可以更清楚地瞭解地形；單獨的個體或許會模糊不清，但你能更容易地理解他們之間的關係。

這部人類簡史僅僅大致勾勒出人類這個神奇物種發展過程中的部分重要線索。當然，其他歷史學家很可能會以不同方式梳理這些線索。儘管如此，隨著半個世紀以來，世界史（大歷史）領域的不斷發展，人們已就人類歷史進程中的一些關鍵節點達成了共識。《極簡人類史》最重要的三章即是希望從這些共識中提煉精華。當然，簡短有其弊端，但也有優勢。其中最突出的一點就是，坐下來一兩次就可以讀完，時間緊湊得你讀到結尾還能記得開頭的內容！

—如何使用《極簡人類史》—

《極簡人類史》發端於為《寶庫山世界歷史百科全書》(Berkshire Encyclopedia of World History)第一版撰寫的一系列回顧性文章。後來，教授世界歷史的老師發現這些文章在課程設置、課堂準備和學生複習等方面頗有價值，於是決定將其合併成冊進行出版。跟隨本書主體內容，讀者將從宇宙誕生一路前行至現代社會。此外，本書還包括三篇附錄，希望有助於讀者閱讀理解。

鮑勃・貝恩(Bob Bain)和勞倫・麥克亞瑟・哈里斯(Lauren McArthur Harris)(兩位原來是世界歷史教師，現在研究教師培訓方法)為本書撰寫了學習指南，即本書的附錄A；附錄B討論歷史分期的複雜議題：我們如何將歷史劃分成便於操作的版塊；附錄C則包含一些可供參考的補充書目和網站，如「大歷史項目」(the Big History Project)的網站。

儘管有種種不足，我們還是希望大家能夠通過本書，在腦海中形成一個或許粗糙但卻有益的世界歷史輪廓，就像十六世紀航海家們使用過的地圖一樣。儘管它們最終被更精確、更複雜的現代地圖取代，但是在當年，這些地圖顯得出奇得有用。希望本書亦能如此。

我們真誠地希望你能喜歡這本《極簡人類史》，但願它能向你展現出人類世界宏大、複雜，時而憂鬱悲傷，時而催人奮進的歷史畫卷。這是我們人類自己書寫的歷史，我們每個人都是其中的一分子。

THIS FLEETING WORLD

前傳

開端之前

1

A SHORT HISTORY OF HUMANITY

在人類歷史以外，還存在一個更大的範疇，即地球史甚至整個宇宙的歷史。本章「前傳」正是希望在這個更大的範疇之內，講述人類過去的歷史——這也正是「大歷史」研究的範疇。正如我們需要用世界歷史，來幫助我們理解特定區域的歷史一樣，我們也需要一個更大的背景，來幫助我們看清人類歷史在地球史乃至宇宙史中的位置。如果我們要進行超越人類自身歷史的思考，我們就需要「大歷史」。

……

二十世紀中葉以前，大多數天文學家認為宇宙沒有歷史，它始終存在著。但我們有理由對此假設持懷疑態度。二十世紀二〇年代，美國天文學家愛德溫．哈勃（Edwin Hubble）找出證據，發現大多數遙遠的星系一直在離我們遠去。這些證據表明宇宙可能一直在膨脹。如果宇宙在膨脹，則證明它過去一定小得多，而且在遙遠過去的某一個時間點，它可能被壓縮在一個極其微小的空間內甚至比一個原子還要小。二十世紀中葉，大部分天文學家積累了足夠的證據，證實上述猜測正是以前發生過的事實。我們發現，人類並非唯一擁有歷史的創造物。地球有自己的歷史，整個宇宙也有自己的歷史。

自二十世紀中葉以來，我們開始能夠講述這段歷史，並將人類歷史視為一部更宏大、更科學的「創世史」的一部分。本章人類史「前傳」希望以二十一世紀的知識視野，向大家提供這部大歷史的概覽。（幾乎人類的每個社會都有一套自己的解釋宇宙起源的故事，這些創世故事對那些相信它的人來說並非「神話」試圖為所有生命賦予意義，這些意義通常反映了他們各自的文化來源。）

宇宙出現在大約一三八億年前，源於宇宙學家所說的「大爆炸」。這是所有歷史日期的開端，我們對大爆炸之前的世界一無所知：我們不知道在此之前是否存在時間、空間甚至虛無，我們缺少任何與此有關的資訊或是理論；這也正是創世故事開始的時候。但是其實，從宇宙出現的那一刻開始，我們便能夠講述一個符合現代科學基本理念的創世故事——這個故事建立在大量且仍在不斷增加的證據之上。

當宇宙剛剛出現時，它極其微小，很可能比一個原子都小。然而，在其內部蘊含著組成宇宙所需的所有物質和能量。此時的宇宙溫度極高，（幾乎無法用數字衡量！）以至於物質、能量、粒子、空間和時間全都混雜在一起。隨後，在巨大能量的作用下，宇宙發生急劇膨脹，其速度可能比光速還要快。在暴脹過程中，宇宙逐漸冷卻。正如蒸汽最終會凝結成水一樣，宇宙在冷卻過程中，也會經歷一系列不同的「階段變化」。從宇宙誕生的第一秒開始，各種截然不同的力量就出現了，包括引力（一種將萬物拉攏聚合的力量）與電磁力（一種促使異性電荷相吸，同性電荷相斥的力量）。組成物質的基本粒子夸克此時也出現了。然而誕生初始的宇宙變化劇烈，大部分粒子一出現就消失，轉化成宇宙中的純能量。

下一秒，宇宙暴脹的速度慢了下來。此時的宇宙已經出現了我們今天熟知的各種物質，包括質子和電子（組成原子的基本成分）以及

思想實驗

人類試圖瞭解自己在宇宙中的位置，但不一定能達成共識。參考一下作家馬克．吐溫的看法，他寫道，人類總是把自己視為宇宙的中心—或者至少是整個歷史的中心。一九〇三年，在題為「世界是為人類而造的嗎？」（Was the World Made f or Man?）的文章中，馬克．吐溫寫道，「如果艾菲爾鐵塔代表宇宙的歷史，那麼它頂端的球形構造上，那層薄薄的油漆就代表著我們人類的歷史，沒有人會認為那層薄薄的油漆是建造艾菲爾鐵塔的目的。但我想有人就是這麼認為的。」想一想我們該如何回應馬克．吐溫的這篇文章。我們人類是否應當一直把自己視為宇宙的中心？或者我們可以換個角度思考？人類如何看待自己在宇宙中的位置，這一點重要嗎？

至少四種基本形式的能量。這時的宇宙仍比太陽中心還要熾熱，充斥著「等離子體」，這是一種由能量和帶電粒子組成的雜亂的混合。大約三十八萬年後，宇宙開始經歷另一個「階段變化」。此時的宇宙溫度繼續下降，使得帶正電的質子能夠捕獲帶負電的電子，形成最早的原子。原子呈電中性，於是突然之間，物質不再與電磁輻射相互作用。在今天所謂的宇宙背景輻射中，我們仍可以探測到宇宙在這個歷史節點上釋放的能量。宇宙背景輻射可以對老式電視機產生靜電干擾，它的存在是上述故事真實可靠的最有力證據之一。

在這個階段，物質的存在形式都極其簡單。大多數物質都由自由移動的氫原子和氦原子組成。氫原子由一個質子和一個電子組成，而氦原子由兩個質子和兩個電子組成。歷經千百萬年，早期宇宙就是由這種氫原子和氦原子構成的大片星雲組成的。那時的宇宙沒有星體，唯一將其點亮的是穿行其中的巨大能量。

隨後，這個現代創世故事出現最神奇的轉折之一，物質由此開始變得複雜起來。第一個出現的複雜物質是恆星，造就早期恆星的「工程師」當屬引力。早在十七世紀，艾薩克·牛頓就已經向我們展示了物體和物體之間存在引力，這解釋了為什麼我們能牢牢站立在地球上。阿爾伯特・愛因斯坦在二十世紀早期進一步證明，物質和能量其實是同一實質的不同形式，這解釋了為什麼能量也會產生引力。就這樣，引力逐漸將飄浮在早期宇宙中的大片氫原子和氦原子雲拉攏聚合。接下來，數以億計的星雲出現了，並在重力的作用下收縮。在收縮過程中，它們開始升溫。隨著溫度上升，星雲內部的原子運動得越來越快，相互間的碰撞也變得越來越激烈。最終，當星雲中心的溫度達到攝氏十度左右，氫原子開始聚合，在此過程中，原子的一部分轉化成純能量。氫彈爆炸時，其內部氫原子的聚合也是如此。此時，由這些星雲內部「超級氫彈」爆炸釋放出的能量衝破引力的阻擋，向寒冷、空寂的星際空間傾瀉而出。在宇宙出現的大約兩億年後，第一批恆星誕生了。它們中間的大多數，比如太陽，將持續燃燒幾十億年。

在引力的相互作用下，恆星開始聚合成為「星系」。每個星系都由數以億計的恆星組成，比如我們所在的星系銀河系。接下來，星系還可以組合成星系團。從最高的層面來看，引力的拉攏力量實在太弱，不足以抵抗宇宙的擴張力。因此，儘管星系在引力的作用下聚合在一起，它們之間的距離還是隨著宇宙的膨脹變得越來越遠。

恆星能產生新的物質，使宇宙進一步變得複雜。最大的恆星產生最大的壓力，通常也產生最高的溫度。在恆星中心，聚合反應迅速發生，直至它誕生數百萬年後，恆星逐漸耗盡自身的氫元素。此時，恆星的中心坍縮，產生更高的溫度，直到氦原子開始聚合，產生更複雜的元素，比如碳。經歷一系列這樣的劇烈坍縮，新的元素不斷誕生，直至出現原子核中擁有二十六個質子的鐵元素。產生含有更多質子的元素需要更高的溫度，沒有恆星（無論其體積大小）能達到如此高的溫度。當一顆體型巨大的恆星坍縮時，它會在巨大的爆炸中走向消亡，成為一顆「超新星」。正是在此過程中產生了各種重元素，直到最重的元素鈾，其原子核中含有九十二個質子。至此，組成我們世界的化學元素大多在大體積恆星的死亡劇痛中產生了。超新星使得化學反應成為可能，沒有它們，人類就不會存在，地球也不會存在。

第一批超新星很可能是在大爆炸發生十億年內消亡的。從那時起，超新星就一直將更複雜的化學元素拋撒到星際空間。儘管氫和氦仍是宇宙中占絕對優勢的主導元素，但是其他元素的儲量也有了顯著的積累和提高。這些元素可以通過各種複雜的方式合成化合物，進而形成更加複雜的物質——包括我們人類本身。

行星是第一批由這些更加複雜的物質組成的天體。在像銀河系一樣的大星系中，星際空間中遍佈這些新型化學元素。因此，當新恆星誕生時，形成它們的物質不僅來自氫、氦組成的星雲，來自於碳、氧、氮、金、銀、鈾等其他元素組成的星雲。事實上，所有化學元素週期表中的元素都可以在這些星雲中找到。我們的太陽正是四十五億年前，由這些物質組成的星雲構成的。這片「太陽星雲」（人們這樣為其命名）在重力的作用下坍縮，直至氫原子開始在中心發生聚合，形成我們稱之為「太陽」的恆星。大部分的太陽星雲被太陽本身吞噬了，只有極微量的物質繼續在年輕太陽的外部空間沿軌道繞行。在每一條繞日軌道上，原子相互碰撞、擠壓，最終慢慢形成大一點的物質，這有點兒像滾雪球。（事實上，一些彗星就類似巨大的雪球，是行星形成過程中的遺留物。）這些物質相互碰撞、擠壓，逐漸形成較大的天體，如隕石或微小行星，我們將其統稱為「小行星體」。隨後，在每一條繞日軌道上，所有碎片相互碰撞、擠壓，逐漸形成各種星體，我們將這些星體稱作「星子」（Planetesimols）。太陽的熱量將氣態物質從星系中心驅散，這解釋了為何內行星（水星、金星、地球和火星）呈固態，而外行星（木星、土星、天王星和海王星）呈氣態。

早期地球是一個炎熱、危險的地方。它被隕石和小行星輪番撞擊，隨著體積越來越大，壓力使地球中心溫度上升，而大量的放射性物質加快了熱量積累。很快地，早期地球由於溫度過高開始熔化，在此過程中發生了我們稱之為「重力分異」的現象。比較重的元素，如鐵和鎳，沉積到地球中心，形成了地核。金屬構成的地核能夠產生磁場，保護我們免受太陽的一些有害輻射。稍輕的物質組成了熔融態、瓜瓤狀的中層，我們稱之為「地幔」。更輕的物質則停留在了表層。這些物質迅速冷卻，形成了蛋殼一般薄薄的一層，我們稱之為「地殼」。地殼僅有幾公里厚。而最輕的物質是氣體，這些氣體從地球表面的火山噴薄而出，形成了早期的大氣層。

四十多億年前的地球歷史被劃分為「冥古宙」。那時的地球酷熱難耐，不斷遭受小行星的輪番撞擊，大氣層中也沒有游離氧。此時還沒有生物能夠在地球生存。隨後地球開始慢慢冷卻，最終，水蒸氣組成巨大的雲團在地球上空循環，逐漸形成降雨，造就了早期的海洋。

我們幾乎可以確認，正是在這些早期海洋中，一種新的複合體開始出現：這就是生命。液態水為化學反應提供了適宜的環境：在空氣中，原子運動太快，無法配對；而在固體中，原子又幾乎一動不動；水是最適宜的，化合物運動不快不慢，所以一旦它們相遇，便可配對形成更加複雜的化合物。在當時地球的某一個地方（很可能就是在早期海洋的深處），由於那裡既有來自深海火山活動的能量，又有充足的化學物質，越來越多更加複雜的化合物開始形成。距今大約三十五億年前，也就是地球誕生後的十億年內，這些化合物中的一部分形成了地球上第一批生物。生物學家把這些微小、簡單、單細胞的生物命名為「原核生物」。直至今天，原核生物仍是地球上最普遍的生物。像所有的原核生物一樣，最早的這批生物太小，肉眼無法看見。但它們的一舉一動都足以證明，它們是有生命的，全然不同於沒有生命的物質。它們能通過生物學家稱之為「新陳代謝」的化學反應，從周圍的環境中汲取能量。它們還可以利用令人驚歎的龐大而複雜的分子（我們稱之為「DNA」，去氧核糖核酸的英文縮寫）的特性進行自我複製。原核生物通過分裂成兩個幾乎一模一樣的個體，或者「複製」，進行自我繁殖。儘管如此，由於在生殖過程中總是會有微小差異，這就意味著個體之間總是會出現細微的差別。由於存在這些差別，一些個體在獲取能量方面會優於其他個體，而且這些個體更容易存活，並能更有效地進行繁殖，將這些優點和特性遺傳給自己的後代。通過這種方式，生物開始逐步改變、進化，順應各種各樣的環境，演化出千百萬個不同的物種。這個過程，查爾斯・達爾文稱之為「天擇」。正是這種機制造就了今天我們看到的姹紫嫣紅、萬物生長的大千世界。隨著越來越多的物種出現，地球表面被一層薄薄的生命體覆蓋，我們稱之為「生物圈」。迄今為止，地球是宇宙中已知唯一存在生命的行星。當然，將來我們也可能在宇宙的其他地方發現某種形式的生命存在，而且從理論的角度來說，這種可能性非常大。

從化石遺跡來看，第一批原核生物出現在距今三十五億年前。通過天擇，它們中間的一部分已經學會進行光合作用。這是一種直接從陽光中汲取能量，並將其儲存在體內的能力，今天所有的植物仍在使用這種方法。我們知道光合作用出現的時間很早，因為科學家發現了一種名為「疊層石」的古老化石，這是一種巨大的、類似珊瑚的物體，它們是由大量類似藻類的微生物遺骸組成的，這種生物能夠進行光合作用。光合作用有一個明顯的附加作用：這種化合反應需要從陽光中汲取能量，並且產生氧氣這個附加產品。因此，隨著進行光合作用的生物呈幾何倍數增長，越來越多的氧氣被釋放到大氣層中。對某些生物來說，這完全就是災難，因為氧氣極其活躍，可能變得極具破壞性。如果你懷疑這種說法，可以想想火——火就是氧氣和其他元素發生的劇烈反應。事實上，地質學家能夠追蹤游離氧在地球上的逐漸積累，因為他們發現了赤鐵帶：赤鐵就是鐵與游離氧結合的產物，這是一種緩慢形式的燃燒，我們通常稱之為「生銹」。

儘管如此，仍有一些物種成功地適應了含氧量日趨豐富的大氣層。其中一些還開始利用氧原子的高能量驅動自身的新陳代謝。於是通過這種方式，在距今約二十億年前，真核生物出現了，它的出現標誌著生物複雜性邁上了一個新臺階。這些早期真核生物與原核生物一樣，是單細胞生物。真核生物大多比原核生物體積大，它們通常將去氧核糖核酸（DNA，遺傳信息載體）保護在一個細胞核中，這能夠確保它們更加精準地繁殖。其中一些物種還可以在繁殖前替換部分遺傳信息片段，這意味著它們的後代具有父本、母本的雙重特點。這是一種新型繁殖方式的開始，我們稱之為「有性繁殖」。有性繁殖可以產生更豐富的多樣性，因為後代和親本不可能完全相同，這樣，天擇的節奏就大大加快了。這就是為什麼在地球歷史最近的十億年中，生物物種的多樣性比以前提高得更快。

距今約六億年前，第一批多細胞生物出現，這是生物圈歷史上具有重大意義的變革之一（此外，還有「人類世」帶來的變革，這將在最後一章討論）。在震旦紀及隨後的寒武紀岩層中，突然出現已經可以用肉眼直接看到的大體積化石。從那時起，儘管大多數生物仍屬於單細胞的原核生物或真核生物，但是古生物學家已經追蹤到多細胞生物日趨豐富的多樣性。每一種這樣的生物都含有數十億的真核細胞，它們密切配合，共同構成一個生命個體。多細胞生物的出現，標誌著生物複雜性的進一步提高。

最初，所有多細胞生物都生活在海洋。但從距今約五億年前開始，部分生物（極有可能是早期形態的植物或昆蟲）開始探索陸地。這絕非易事，因為它們是在水中進化的，需要水維持其新陳代謝並進行繁殖。因此，像今天所有的陸地生物一樣，它們必須進化出特殊的皮膚，以保護身體內部進行的各種化學反應，它們甚至為自己的後代進化出了精密複雜的保護機制，如蛋殼。從那時起，千百萬種大型生物先後在地球上出現，它們繁榮興旺，隨後又消亡滅絕，包括最早的兩棲類動物、爬行動物（如恐龍）和第一批哺乳動物。我們還知道，地球歷史上還多次出現劇變時期，在此期間，數以百萬計的生物在短時間內消失殆盡。有時，這些「滅絕事件」是由於地球和某些小行星碰撞引起的，而這些小行星直至今天仍環繞著太陽運行。這些碰撞掀起的塵煙猶如巨大的帷幕，遮天蔽日長達數月甚至數年，就像核戰爭一樣。此外，它們還可以引發破壞力巨大的海嘯。距今約六千五百萬年前，很可能就是由於一顆小行星撞擊地球，導致絕大部分種類的恐龍滅絕殆盡。最早的哺乳動物極有可能是體型較小的穴居動物，類似於今天的鼩鼱。它們的袖珍體型和晝伏夜出的生活習性，使其比體型巨大的恐龍更有優勢，在小行星撞地球的災難中逃過一劫。

擺脫了恐龍這塊絆腳石，哺乳動物開始適應曾經被恐龍獨霸的多樣的自然環境。很快，我們發現，大量新型的哺乳動物出現在地球上。其中一種為靈長類動物，它們大多數時間生活在樹上。為了適應樹間生活，靈長類動物需要具備適於抓握的手，可以觀察立體圖像的眼睛和能夠處理大量視覺資訊的大腦。從距今約二千萬年前起，一部分靈長類動物（早期形態的猿）開始花更多時間生活在地面上。到了約七百萬年前，在非洲某個地方，一些猿類開始用雙腳站立。這是第一批「類人猿」，這種兩足直立的猿是我們人類的直接祖先。

我們最有名的類人祖先或許就是「露西」了。她屬於名為「南方古猿」的類人族群，居住在距今約三百萬年前的非洲衣索比亞一帶。我們可以從露西脊柱和顱骨的連接方式得知，她是用兩足直立行走的。人類古生物學的先驅之一瑪麗．李奇（Mary Leakey）也發現了兩個南方古猿的化石足跡，這是當初他們走過火山爆發散落的灰燼時留下的。露西比現代人個頭稍小，大腦和現代黑猩猩差不多大小，所以，即使我們遇見她，我們很可能也會把她當成一個黑猩猩。二百萬年前，非洲東部出現了另一個類人物種，我們稱之

人類革命的四個階段：南方古猿、能人、直立人及智人

為「能人」。這個物種的特別之處就在於它的成員可以製作簡單的石質工具。約五十萬年前，地球上又出現了一個類人物種，名為「直立人」（Homo erectus，古生物學家至今仍在爭論該物種的確切命名）。該物種的成員和現代人類個頭相當，其腦容量也和我們相差無幾。他們製作的石質工具比能人更加精細複雜。隨後，這個物種的部分成員離開非洲，遷移到其他地區，歷經許多代，最遠的到達了今天的中國境內。

我們人類，即現代智人，出現在約二十五萬年前的東非。隨著人類的出現，我們進入了人類歷史時期。正如我們即將看到的，人類的出現標誌著生物複雜性邁上了一個更高的臺階，這也是為何人類歷史和其他物種的歷史截然不同的原因。

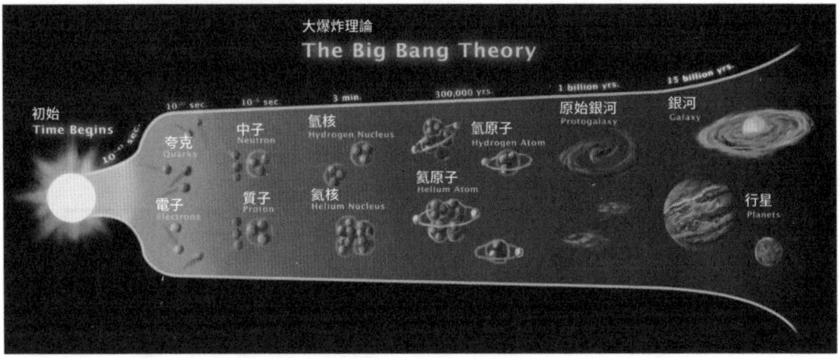

從裡到外分別是：內核、外核、下地幔、上地幔、地殼

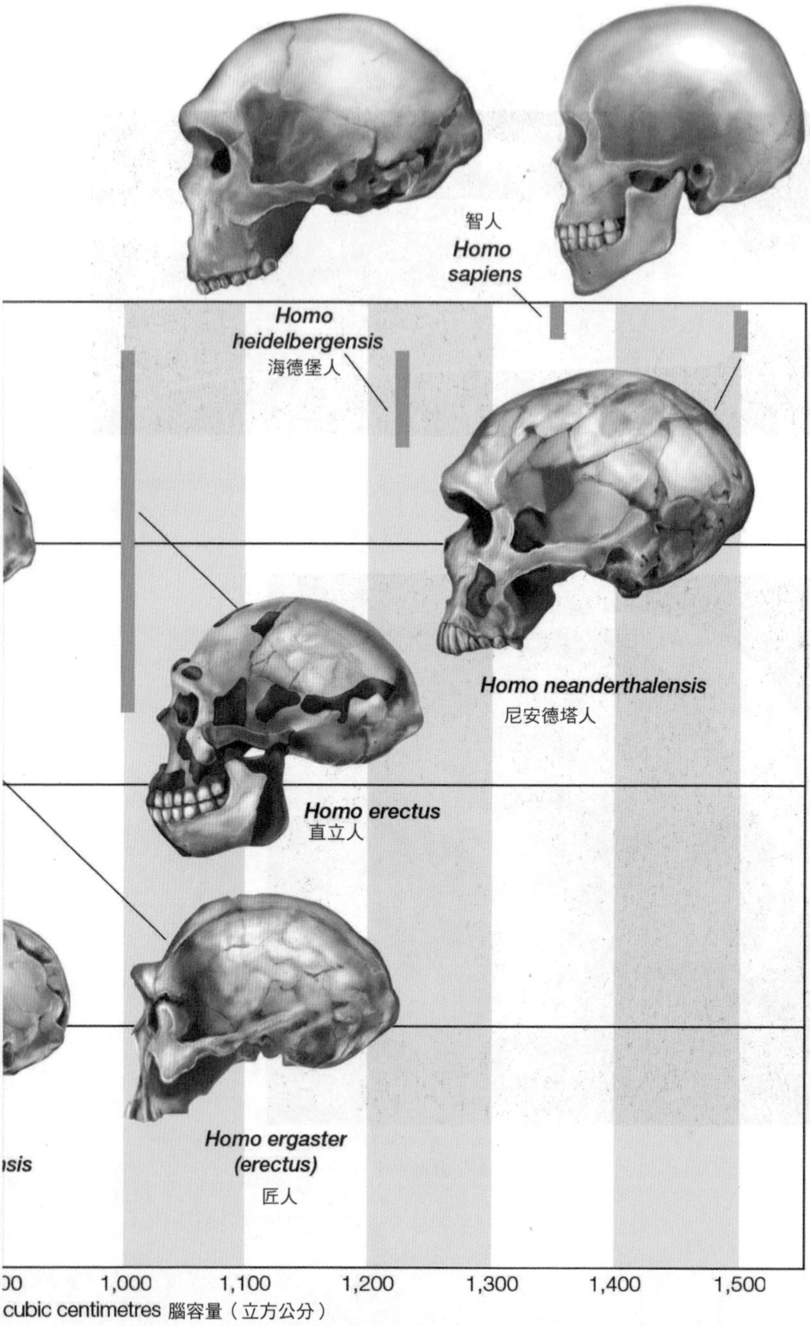
智人
Homo sapiens
Homo heidelbergensis
海德堡人
Homo neanderthalensis
尼安德塔人
Homo erectus
直立人
Homo ergaster (erectus)
匠人
ısis
)0
1,000
1,100
1,200
1,300
1,400
1,500
cubic centimetres 腦容量（立方公分）

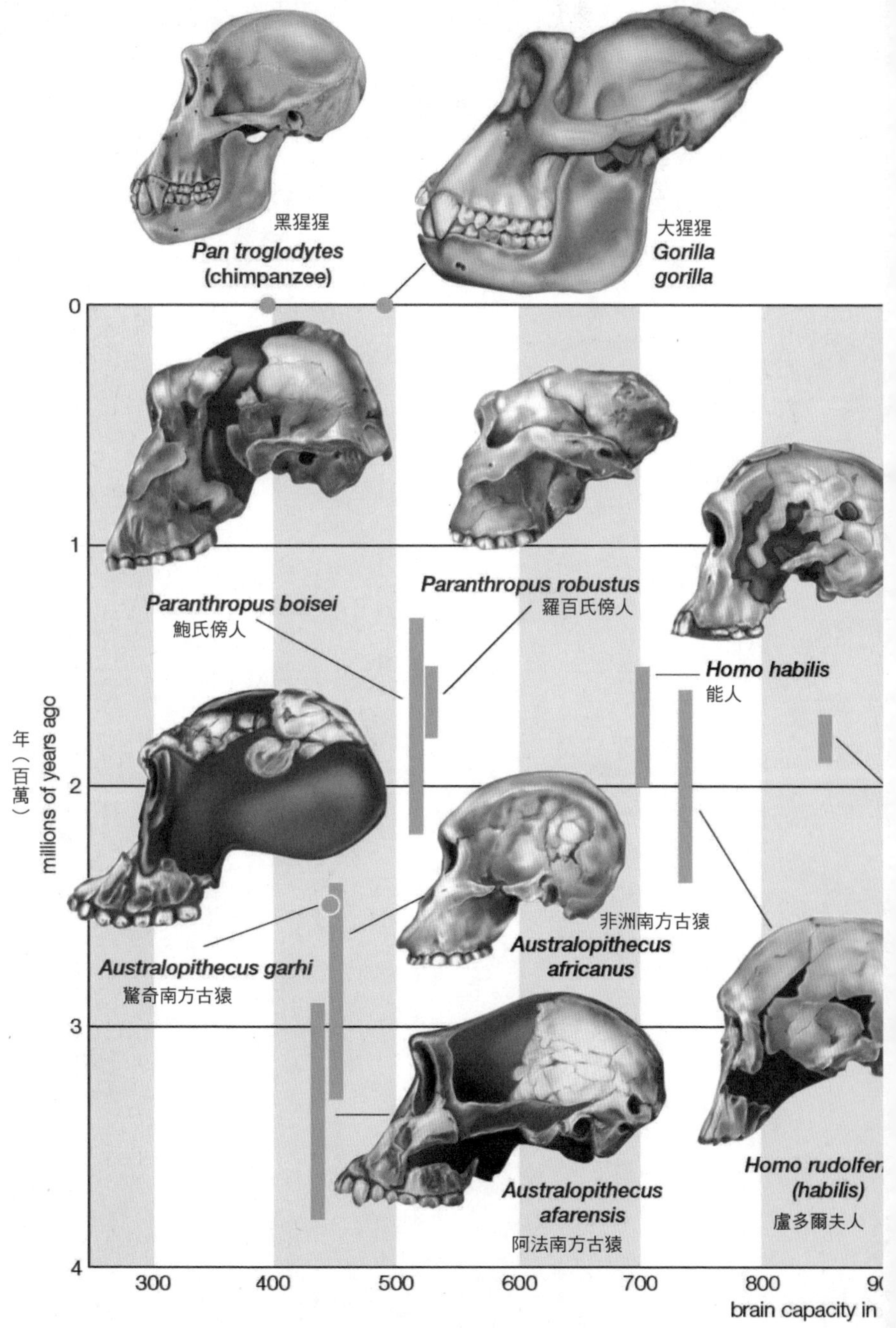
黑猩猩
Pan troglodytes
(chimpanzee)
大猩猩
Gorilla
gorilla
0
1
2
3
4
（百萬）年
millions of years ago
Paranthropus boisei
鮑氏傍人
Paranthropus robustus
羅百氏傍人
Homo habilis
能人
非洲南方古猿
Australopithecus
africanus
Australopithecus garhi
驚奇南方古猿
Australopithecus
afarensis
阿法南方古猿
Homo rudolfen
(habilis)
盧多爾夫人
300
400
500
600
700
800
9(
brain capacity in

THIS FLEETING WORLD

開端

採|集|狩|獵|時|代

2

A SHORT HISTORY OF HUMANITY

採集狩獵時代是人類歷史中這樣一個時代：整個人類社會依靠採集或狩獵，而不是通過種植或製造，來獲取食物和其他必需品。此時的人類被稱為「採集狩獵者」。這個時代也被稱作「舊石器時代」。採集狩獵時代是人類歷史上的第一個時代，也是迄今為止最長的時代，這是為人類歷史奠定基礎的時代。

……

採集狩獵者採集自然資源，用於飲食、居住、衣物、儀式活動和其他一些目的。他們的大部分活動並不是為了試圖改變其居住環境。採集狩獵者獨特的文化和技術創新，將他們的生活方式（人類與自然以及人類成員之間的諸多聯繫方式）與其他非人類物種（如猿猴）區分開來。只有人類能使用語言符號進行交流，語言使得人類成員之間可以精細地分享和積累知識。隨著知識分享的不斷深入，遠古採集狩獵者的技能和生活方式逐漸適應了多種多樣的自然環境，創造出其他大型物種無法超越的多彩文化和多樣技術。這種適應新環境的超凡應變能力，是人類歷史得以形成的關鍵。

據我們所知，最早的人類就是這些採集狩獵者。採集狩獵時代始於約二十五萬年前，那時候現代智人，也就是我們現代人類，第一次出現在地球上。儘管一些採集狩獵的部落至今依然存在，但是隨著農業社會的首次出現，採集狩獵時代在大約一萬年前就終結了。從那時起，採集狩獵不再是人類社會唯一的生活方式。

研究採集狩獵時代

歷史學家曾經糾結於是否將採集狩獵時代寫入歷史，因為他們大多缺乏相應的研究技術，無法瞭解一個沒有文字證據的時代。通常來說，研究採集狩獵時代的不是歷史學家，而是考古學家、人類學家和史前歷史學家。

在缺乏文字證據的情況下，學者們常常採用三種截然不同的證據，來瞭解這段時期的歷史。第一種是遠古社會留下的物質遺跡。考古學家解讀人類骨骼、石器和其他歷史

·採集狩獵時代·

西元前三十萬至前二十萬年	現代人類出現在非洲。
西元前二十五萬年	石質工具製作技術更加精細。
西元前十萬年	人類離開非洲，向歐亞大陸遷移。
西元前五萬年	技術革新的步伐加快； 大型陸地動物開始大規模滅絕。
西元前五萬至前四萬年	人類在澳大利亞定居。
西元前三萬年	人類在西伯利亞定居。
西元前三萬至前二萬年	人類發明更先進的工具，如弓箭。
西元前一萬三千年	人類到達美洲。
西元前一萬年	隨著農業的發展，採集狩獵時代結束。

（以上均為大致推算的年代）

遺跡，研究遠古人類及其獵物的遺骸，或者某些物品的殘留物，如石器、製作物或者食物殘渣。此外，自然環境中的一些研究證據，也可以幫助學者們瞭解氣候和環境變化。

我們沒有發現多少人類歷史最早時期的骨骼遺跡，能夠確認屬於現代人類的骨骼遺跡，最早只能追溯至十六萬年前。儘管如此，考古學家仍能從支離破碎的骨骼遺跡中讀取令人震驚的大量資訊。比如，對牙齒的細緻研究，可以告訴我們許多關於早期人類日常飲食的資訊，而日常飲食又可以揭示許多關於生活方式的資訊。同樣，男女之間骨骼大小的差異，也可以幫助我們瞭解不少兩性關係方面的資訊。通過研究從海床和數萬年前形成的冰蓋中提取的花粉和果核樣本，考古學家們已經成功地重構了當時的氣候和環境變化模型，而且準確度越來越高。此外，半個世紀以來不斷改進的年代測定技術，讓我們能更加準確地推算年代，從而為整部人類歷史編纂更加準確的大事年表。

進一步研究的主題

考古學｜人類進化｜人類基因學
古人類學｜舊石器時代藝術及藝術品

儘管考古證據向大家展示的大多是人類祖先物質方面的生活，但是時不時也會充滿誘惑地讓我們瞥見他們的文化甚至精神生活。我們至今仍然無法準確解讀遠古人類的一些藝術作品，如法國南部和西班牙北部的洞穴壁畫，但是這些令人驚歎的藝術創作，的確能向我們揭示更多關於早期人類社會的情況。

第二種用來研究早期人類歷史的主要證據，來自於對現代採集狩獵部落的研究。這種研究方法必須謹慎使用，因為現代採集狩獵者畢竟來自現代，他們的生活方式或多或

·人類歷史三大時期比較·

第一時期：採集狩獵時代 西元前二十五萬至前八千年	人類歷史最長時期；小型族群；人口向全球遷移；大型動物滅絕；人口增長緩慢。
第二時期：農耕時代 西元前八千至一七五〇年	人口聚居；人口增長迅速；城市、國家、帝國出現；世界各地誕生不同文明。
第三時期：近現代 一七五〇年至今	全球一體化；能源消費快速增長；物種滅絕速度加快；人類預期壽命延長。

少受到現代社會的影響。儘管如此，通過研究現代採集狩獵的生活方式，我們能夠更多地瞭解古代小型採集狩獵部落的基本生活方式。這種研究可以幫助史前歷史學家更好地解讀為數不多的史前考古證物。

近年來，基於現代基因差異進行對比研究的新方法，成為研究早期人類歷史的第三種途徑。基因研究可以測定現代族群之間的基因差異程度，幫助我們預估自己族群的歷史，以及確定遠古人口遷移時，不同族群分散的時間。

要將這些不同類型的證據整合進一部世界歷史並不簡單：首先，大多數歷史學家缺乏必要的專業知識和訓練；其次，考古遺跡、人類學成果和基因研究會產生不同類型的資訊，這些資訊和大多數專業歷史學家視為首要研究基礎的文字記載是截然不同的。來自於採集狩獵時代的考古證據，無法像書面材料一樣記載個性化的細節，但它可以揭示許多關於人類生活方式的資訊。整合這些不同學科領域的真知洞見，是世界歷史面臨的主要挑戰之一，尤其在研究採集狩獵時代時，它是我們必須正視的挑戰。

—人類歷史的開端—

時至今日，學者們仍在爭論人類是何時出現在地球上的。其中一個假說（即多地起源模式）認為，現代人類是過去一百萬年中，在非洲—歐亞大陸的多個地區逐漸進化而來的。這一理論得到了一小部分體質人類學家的贊同，如米爾福德．沃爾波夫（Milford Wolpoff）和艾倫．索恩（Alan Thorne）。隨著時間推移，不同地區的原始人類（即早期人類祖先）逐漸分化，一方面為現代人類的地區差異（即人種）奠定了基因基礎，一方面維持了人類作為同一物種的基因聯繫。多地起源模式意味著，人類歷史是在過去一百萬年中的某個時間點逐步發展起來的。這種模式的證據主要來自對骨骼遺跡的對比研究。

放射性碳定年法

以下選文著重強調了放射性碳定年法對考古學的革命性影響。

二十世紀四〇年代，美國化學家威拉得．利比(Willard F. Libby)在芝加哥大學發展出放射性碳定年法，他因此榮獲了一九六〇年的諾貝爾化學獎。

放射性碳定年法為確定大多數考古遺跡中有機物的年代，提供了一套準確的測定方法，它在世界各地普遍適用。這種方法使科學家測定歷史年代的能力有了革命性提高。它使考古學家從只能依靠人造器物確定年代的單一方法中解脫出來，第一次為他們提供了一種放之四海而皆準的年代測定法。隨著放射性碳定年法的出現，許多老舊的考古體系都被推翻。今天，有了準確可靠的紀年表，我們終於能夠為遠至更新世晚期的考古遺跡測定年代。

來源：哈德遜．M(n.d.)，「理解放射性碳定年法」。2007 年5 月16 日檢索。
來自： http://www.flmnh.ufl.edu/natsci/vertpaleo/aucilla10_1/Carbon.htm

走出非洲，走向爭議

第二種假說(有時稱為「走出非洲」假說)主要依賴於對現代人類進行基因對比，但是它也宣稱自己的理論和現存的骨骼證據相吻合。該假說的理論基點，始於我們發現現代人類族群之間的基因非常相似，相似到我們沒有理由相信人類已經進化了超過二十五萬年。這種假說認為，現代人類均起源於生活在距今約二十五萬年前的少數共同祖先。今天，人類最豐富的基因多樣性出現在非洲。這就表明，非洲可能是人類的起源地，在遷移到世界各地之前，遠古人類在那裡居住的時間最長。如果「走出非洲」假說無誤，那麼現代人類都是從生活在非洲的「直立人」之後的某個形態進化而來的。這個新人種很可能是在某個孤立的群體中快速出現的。

「走出非洲」假說本身就有兩個版本。第一個版本認為，儘管現代人類從距今約二十五萬年的非洲進化而來，但那些明顯屬於人類行為的最早證據（包括先進的狩獵技術和多種多樣的藝術活動）僅有五萬到六萬年的歷史。持這種觀點的學者包括考古學家理查德・克萊因（Richard Klein）和其他一些專業人士。從這種觀點來看，直到某些細微的基因變化使得人類普遍擁有現代性的語言能力之前，人類還算不上真正的人類，人類歷史也還沒有真正開始。「走出非洲」假說的這一版本，主要依據新式工具和手工製品的傳播，這一點在大約五萬年前的歐亞大陸的考古研究中可以明顯看到。

近年，「走出非洲」假說的一些支持者提出，由於學者們進行的考古研究多在歐亞地區，而非假定的現代人類的誕生地非洲，因此上述變化的重要性可能被人為誇大了。在對現有的來自非洲的考古物證進行仔細分析後，人類學家莎莉・麥克布里雅蒂（Sally McBrearty）和艾莉森・布魯克斯（Alison Brooks）指出，非洲典型人類活動的考古物證可以追溯至二十萬至三十萬年前，這和我們發現的最早的人類骸骨是符合的。如果麥克布里雅蒂和布魯克斯是正確的，那人類最早應該出現在距今二十萬至三十萬年前的非洲，這個時期也是人類歷史真正的開端。我們在這本《極簡人類史》中採用的歷史分期正是基於這些發現。我們暫時採納這種說法，即最早的人類出現在距今約二十五萬年前，這也標誌著人類歷史的開端。但是，我們必須牢記，這個年代可能會被修改。

什麼使我們與眾不同？

什麼使我們和其他物種截然不同？什麼使人類歷史和其他動物的歷史截然不同？對於這些根本性問題，從古至今有很多回答。現代人的回答包括：我們有兩足直立行走的能力；我們會使用工具；我們能有計劃、有步驟地狩獵；我們有不同尋常的超級大腦。遺憾的是，隨著對與人類親緣相近物種的研究越來越深入，我們發現這些特質在人類近親（如黑猩猩）身上也有某種程度的呈現。例如，第一位在自然狀態下研究

進一步研究的主題

萬物有靈論｜創世神話｜語言的發展

黑猩猩的現代動物學家珍・古德(Jane Goodall)就很快發現，黑猩猩也能製作和使用工具，而且也會狩獵。

現在看來，人類主要區別於其他近親物種最有力的標誌就是語言符號了。儘管許多動物都可以通過各種原始方式與同類交流並分享資訊，但只有人類是唯一可以使用語言符號進行交流的生物。語言符號是一個將人造符號用語法聯繫起來的系統，能夠創造出無限的準確話語。語言符號極大地提高了人類交流的準確性，拓展了人類交流的思想和領域。語言符號第一次賦予了人類神奇的能力，讓我們可以談論那些我們沒有親眼見到的事物(比如經歷、發生在過去和未來的事情)，以及那些我們不確定是否存在的事物(比如靈魂、魔鬼和夢)。

人類交流系統在效率、範圍和準確性方面突然提高，這使得人們可以將自己所學更多地與他人分享。

思想實驗

大多數人並不知道人類交流系統如何影響生活的方方面面。想想你從家到學校的路線，對沿途的事物你瞭解多少，又作何感想？現在問問自己：「我頭腦中的這些思想、觀念，有哪些不是別人通過書面或口頭的方式裝進我腦袋裡的？我每天使用的這些物件中，有哪些是我不需要別人的說明就可以獨立發明出來的？」這或許可以說明我們認識到，他人的經驗和思想對你我的重要性。

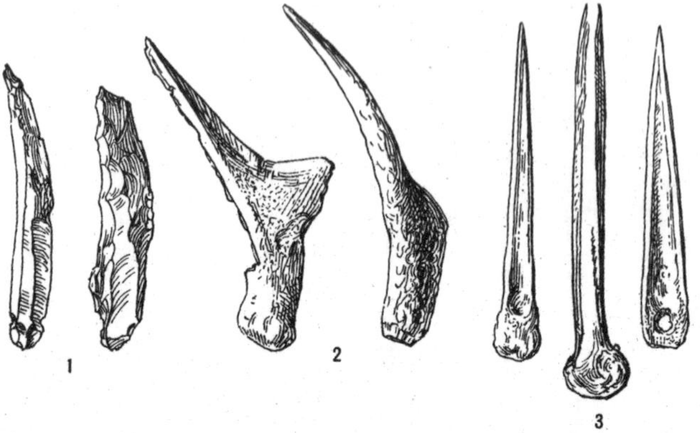

圖中展示的是各種早期的尖狀工具。第一組工具用石質薄片製成；第二 組用鹿角製成；第三組用動物骨骼製成；第四組用鹿角製成；第五至七組用切割而成的石頭製成。

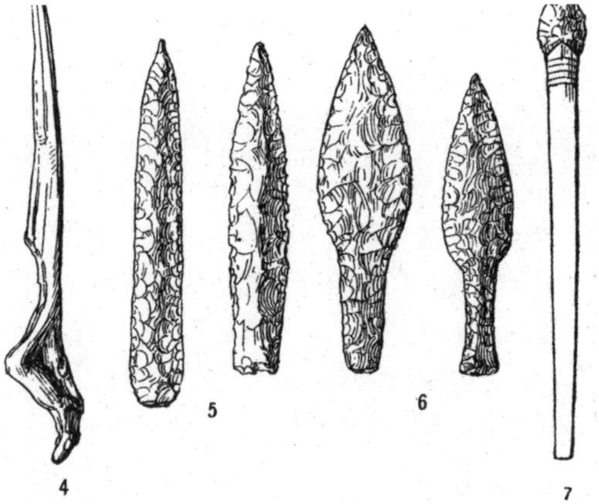

這樣，知識的積累速度開始遠遠超過其流失速度。知識和經驗不會隨著一個人或者一代人的死亡消失，而是為下一代保留了下來。

就這樣，每一代人都繼承了前人積累的知識。隨著知識積累的不斷增長，後人得以採取不同方式，利用這些知識適應多樣的環境。除人類以外，地球上的其他生物只有在整個物種的基因構成發生改變時，其行為才會發生重大變化。而人類卻不用等基因發生改變，就可以對自己的行為做出重大調整。這種「群體學習」的積累過程，解釋了為何人類會擁有超凡能力，並得以適應不斷變化的自然和社會環境，它同時也闡明了人類歷史為何擁有獨特的活力。在人類歷史中，文化超越了天擇，成為變革的首要驅動力。

上述結論提示我們，要追問人類歷史的開端，我們不能僅僅依靠早期人類遺骸的解剖學分析，還要注意那些標誌著語言符號和技術積累的考古證據。麥克布里雅蒂和布魯克斯的發現，正是將符號活動能力的早期證物（如研磨顏料以用於身體彩繪的遺跡）和石器技術重大變革的早期證物（如多種直立人族群所掌握的石器技術的消失）與新物種「赫爾梅人」（Homo helmei）的出現聯繫起來。這個物種的骨骸和現代人高度相似，以至於最終我們可能只能將其併入自己這個物種——現代智人。大約在三十萬年至二十萬年前，能證明這些變化的解剖學證據、技術工藝證據以及文化證據就在非洲出現了。

採集狩獵的生活方式

採集狩獵時代的考古學證據非常稀少，以至於我們對早期人類生活方式的理解主要依賴於對現代採集狩獵部落進行研究所得出的結論。事實上，採集狩獵生產模式的概念，是在二十世紀七〇年代末由人類學家理查·李（Richard Lee）首先提出的，而這正是基於他對非洲南部採集狩獵部落的研究。儘管如此，少之又少的考古學證據可以用來規範現代人類學研究提出的一些歸納性結論。

從為數不多的採集狩獵時代遺跡，以及我們已知的現代採集狩獵者的生活方式和技術工藝來看，我們可以確信，如果以現代標準來衡量，他們的生產力水準非常低下。那時的人類每天從他們所處的自然環境中獲取的熱量很難超過三千卡路里，而這是一個成年人類維持基本生存所必需的能量。

低下的生產力水準意味著以後來的標準來看，當時的人口密度非常低，平均每平方公里不足一人。這意味著少量的人口散佈在廣闊的範圍內。

現代研究顯示，採集狩獵者可能會有意識地控制人口增長，以避免對土地的過度利用。研究還顯示，採集狩獵者可以利用多種方式控制人口增長：如通過延長母乳餵養實現避孕；使用各種墮胎術；有時，甚至會殺死過多的兒童，或者讓年老、患病等身體不夠健康的成員自生自滅。

由於每個採集狩獵部落都需要一個大的區域維持其基本生存，和現代採集狩獵者類似，遠古採集狩獵者可能大多數時間都生活在由幾個關係密切的成員組成的小型部族中。大多數小型部族屬於遊牧性質，你必須步行很長距離，才能走遍你自己的大片部族領地！儘管如此，我們仍然可以確認，臨近的部落之間存在著各種各樣的聯繫。比如，幾乎所有的人類部族都鼓勵成員與外族通婚，以遠離自己的直系血親。採集狩獵部落定期與鄰近部落會面，彼此交換禮物和故事，舉行各種儀式，一起載歌載舞，共同解決爭端。在這種聚會（可能類似於澳大利亞原住民的歌舞會）上，來自不同部落的男男女女會自發地或通過正式的婚約走到一起。

親緣關係

族群交流意味著每個部落在鄰近部落中都有親屬，這就確保了鄰近族群之間休戚與共的團結意識和語言之間的相互重疊。血緣親情結成的鏈結造就了地區交流網路，使鄰近部落間的人員、物質和思想交流更加順暢。

基於現代採集狩獵社會的研究顯示，家庭和血緣觀念為考量和組織社會關係提供了首要方式。事實上，在《歐洲與沒有歷史的人》（Europe and the People Without History，一九八二）一書中，人類學家艾立克．沃爾夫（Eric Wolf）就建議將小型社會描述為「血緣秩序社會」。家族就是社會。這一點對於生活在現代社會的人們來說，恐怕難以理解。血緣和家族觀念為行為和禮儀提供了準則，要在當時的世界生存下去，這是十分必要的：那時大多數部落人數不多，沒有幾個人能在一生中有幸見到幾百人。

社會即家族的觀點也向我們透露了許多關於採集狩獵社會經濟情

進一步研究的主題

採集狩獵社會｜原住民
親緣關係｜婚姻與家庭

思想實驗

早期採集狩獵者的飲食狀況和我們今天大不相同，但其飲食需求和我們相差無幾。想想今天我們花多久就能獲取三千卡的熱量，你可以以下面的速食食譜為例：

早餐：速食店裡的香腸，雞蛋，
乳酪牛角包（六九〇卡），熱巧克力（二二〇 卡）；
中餐：麥當勞麥樂雞漢堡（四二五卡），十六盎司可樂（二一〇卡），
十個炸洋蔥圈（二四四卡）；
晚餐：漢堡王超級漢堡（六七〇卡），一中杯奶昔（五六〇卡）。

現在想像一下，如果沒有商店、餐館，而你想從水果、昆蟲的幼蟲、魚等食物中獲取相應的熱量，你得花多少時間從你家附近的自然環境中找到這些食物？你每天花多少時間做這些事情？你需要多少新知識，來辨別哪些食物是安全的，哪裡可以找到這些好的食物？

況的資訊。當時的交換關係與現代家庭中的此類關係相似。交換被視為禮節，這意味著交換行為本身比實際交換的物品更重要，交換是鞏固、加深現有關係的良方。人類學家認為，這種關係建立在互惠基礎之上。與之類似，權力關係也就是家庭或擴展家庭的權力關係。公正、紀律甚至是對反社會行為的暴力懲罰，也可以由家庭一手實施。家庭等級制度（只要其存在）主要基於性別、

年齡、經歷和家庭成員享有的威望。

基於現代採集狩獵社會的研究顯示，儘管男女可能分工不同（就像社會的年老成員和年輕成員分工不同），但他們扮演的角色差異並不一定造就相應的等級關係。女性可能承擔大部分照顧子女的責任，並負責採集大部分食物（至少在溫帶和熱帶地區是這樣，在這些地區採集比狩獵更重要）；而男性則負責狩獵，在上述這些地區，這是一種不太穩定的食物來源。儘管如此，沒有證據表明男女承擔不同的職責會形成相應的控制與支配關係。在整個採集狩獵時代，人際關係都著眼於個體感受而非等級制度。在一個人際關係密切、沒有嫌隙的時代，人們沒有必要建立如現代社會這樣一個高度制度化的社會結構，這樣的構建主要是為了調整陌生人之間的關係。

種類繁多的墓葬品和藝術品留下痕跡，使我們得以一窺採集狩獵者祖先的精神世界，但卻無法得到確切的答案。現代對比研究顯示，遠古採集狩獵者將精神世界和自然世界視為擴展家庭的一部分，其中充滿生靈，人們或與之建立親緣、責任關係，或與之對立。這樣，遠古採集狩獵者對人類和其他物種、實體的區別就相對模糊，不像我們今天區分得這麼分明。明白了這一點，我們就不難理解一些現代人常常覺得不可思議的理念，如圖騰崇拜將動物、植物甚至地質構造（如山峰和湖泊）視為神靈，頂禮膜拜。雖然部落與部落之間象徵精神的具體圖騰存在很大差異，但是相信萬物有靈是採集狩獵社會最根本的關於宇宙的設想（或宇宙模型）。這種設想能幫助我們更好地理解當時的世界：動物和物體都充滿了不確定性，人類只好隨性為之。

生活水準

人類學家馬歇爾．薩林斯（Marshall Sahlins）在其一九七二年發表的一篇文章中，對採集狩獵社會物質生活水準低下的傳統看法提出了質疑。基於從現代採集狩獵社會搜集到的證據，他反駁道，從某些方面來看，採集狩獵者（當然指那些沒有生活在嚴酷自然環境中的群體）的生活算得上富

思想實驗

環顧一下教室的四周。想像你就生活在採集狩獵時代，你不必去學校，也不必走進一間正方形的教室，你可能每天都待在野外，搜尋堅果、漿果或鹿。好吧，可能不是你們當中的所有人，但你們中間至少有一半人活不下來，因為百分之五十的兒童會在十歲之前死亡。假如你是其中的幸運兒，勉強倖存，想想如此頻繁地失去年幼的兄弟姐妹，會是一種什麼感受……

足。遊牧生活不利於物質財富的積累，因為人們不得不隨身攜帶他們擁有的財物；同樣地，採集狩獵這種隨時從周圍環境獲取生存所需的生活方式，也不利於財富積累。在當時的世界，人們沒有必要積累物質財富。以今天的眼光來看，私有財產的缺失就是貧窮的標誌。但薩林斯認為，採集狩獵者很可能感到生活富足，因為他們的生活所需可以從周圍的環境中獲取。尤其是那些生活在溫帶地區的採集狩獵者，他們的飲食富含營養、多種多樣；飲食的多樣性使遠古採集狩獵者們免受饑荒的困擾，因為即使他們喜歡的食物歉收，他們還有其他多種選擇。

生活閒適，但生命短暫

古生物學家（專門研究化石中的生物的專家）的研究已經確認，遠古採集狩獵者的總體健康狀況優於早期農業社會的人類。採集狩獵者居住的小型社會使他們和流行性疾病隔離開來，頻繁的遷移活動又避免了招引致病害蟲的垃圾堆積。現代對比研究顯示，採集狩獵者的生活相當閑適，他們每天只需花幾個小時尋找生活必需品，所花時間比農業社會和現代社會的大多數人都要少得多。當然，我們也不能過分誇大。從另外一些方面來說，毫無疑問，採集狩獵時代的生活十分艱苦。比如，預期壽命可能非常低（或許低於三十歲）。儘管也有許多人活到了七八十歲，但相比大多數現代社會，其居高不下的嬰兒死亡率、意外事故以及人為暴力，也造成了更多年輕成員死亡。

採集狩獵時代的重大變革

採集狩獵部落規模過小和跨地區思想交流受限，足以向我們現代人解釋，為何在這段歷史時期技術革新相當緩慢。儘管如此，相比我們的猿人祖先（包括兩足直立行走的靈長類哺乳動物及其他相關種類）和其他大型物種的變革，這一時期的變化可謂相當迅速。只舉一個例子：我們的直系祖先直立人使用過的阿舍利手斧（Acheulean handaxes，一種源於非洲、有二百萬年歷史的石質工具）就曾歷經一百多萬年而沒有多少變化。而在二十多萬年的採集狩獵時代中，我們的祖先創造了令人歎為觀止的多樣技術和新型的生活方式。事實上，約二十萬年前，阿舍利石器技術在非洲突然被更多樣、更精良的石器製作技術取代，這一事件正是我們認為現代人類從此出現的最有力證據之一。許多通過這種方法製作的新型石器十分袖珍，可能裝有手柄——手柄的出現大大提高了石質工具的靈活性，拓寬了其用途。

我們的採集狩獵者祖先的技術革新能力，使他們能在陌生的土地上探索、定居，這是和他們出生、進化的地方截然不同的環境。事實上，這種創造力正是我們人類有別於其他物種的關鍵之一，包括與我們親緣關係最近的類人猿。據我們所知，類人猿還無法完全恰當地調整其行為，使自己可以遷移到新的棲息地。這正是我們通常認定人類有歷史，而這些物種卻沒有歷史的原因。相比之下，人類採集狩獵時代的歷史是由許多遷移到陌生環境、未被記載的小故事組成的。微小的技術革新，新知識、新技巧的積累，生活

思想實驗

人口「翻倍時間」究竟是什麼意思？假定人口增長率為每年萬分之一——這是假設的三萬年前的人口增長率。為了理解「翻倍時間」在此人口增長率之下的意思，想像一下下面的場景：某一個村莊有十一個人，剛好組建一支足球隊。他們非常想和其他球隊比賽，但卻一個人也找不到。以上述人口增長的速度，他們要等多少年才能湊齊二十二個人呢？答案是：九千年。（如果想要替補隊員，則需要更長的時間！）

方式的細微變化，共同促成了這種遷徙。

隨著人類越來越廣泛地遍佈地球，人類的數量明顯增加了。儘管基因證據顯示距今約七萬年前，人類人口縮減至區區幾千人，但是現今對採集狩獵時代的人口進行估算，大體上還是依賴於猜測。最近，人口統計學家馬西姆·利維巴茨(Massimo Livi-Bacci)提出了一個頗具影響力的推測。他宣稱三萬年前，世界人口僅有幾十萬人；但到了一萬年前，人口可能已達六百萬左右。如果我們假定三萬年前世界人口為五十萬，那麼就意味著，在距今三萬年到一萬年前這一時間段中，世界人口的年增長率低於萬分之一。也就是說，世界人口大致每八千年至九千年翻倍。我們可以把這個增長率和其他歷史階段的平均增長率作比較：農耕時代是每隔一千四百年翻倍，現代社會是每隔八十五年翻倍。

技術變革

採集狩獵時代的增長速度在兩個看似矛盾的方面引人注目。至今，人們仍將人口增長視為技術革新的間接標誌。因此，採集狩獵時代的人口增長意味著技術革新貫穿整個時代，也暗示技術革新在加速。當然，對比人類歷史的後續時期，這種增速還是極其緩慢的。造成這種差異的部分原因是採集狩獵部落規模較小，分佈比較分散，導致資訊交流受限。事實上，變革發生得如此之慢，以至於一個人窮其一生都很難注意到。這意味著，遠古採集狩獵者並沒有多少長期變化的意識，他們大體將過去視為基於目前的一些細微變化而已。

遷移到陌生環境，往往需要新的技術、技能。這種類型的遷移可能在採集狩獵時代早期就開始了，但當時所有人類都還居住在非洲大陸。不巧的是，研究人類歷史初期的技術變革是非常困難的，因為

這些用來片薄、打磨石頭的物品，展現了早期工具的多樣性。

現存的器物能為我們提供的資訊很少，我們無法得知當時的工匠們有多少技術知識。今天，我們可以依賴汽車、電腦之類的物品，因為這些東西代表了大量的專業知識。然而，現代人類學研究顯示，採集狩獵者的技術知識主要儲存在大腦中，而並非體現在器物上。出於這種原因，採集狩獵者殘存的工具僅僅能為我們留下關於他們真實技術、技能的蒼白印跡。

儘管如此，變化的證據還是相當有力的。人類遷移到新環境的第一個證據就是人類遺骸開始出現在非洲大陸的各個地方。到了距今約十萬年前，一些部落學會了利用海岸周圍的資源生活，如貝類動物；而另一些則逐漸適應了熱帶雨林和沙漠的生存方式。證據表示，相距達幾百公里的部落開始以物易物，這說明相距較遠的部落也在進行資訊交流。所有這些交流成為激發技術試驗的關鍵因素。

向非洲以外地區遷徙

從距今約十萬年前開始，一些遠古人類開始走出非洲，在世界其他地方定居。現代人部落逐漸出現在亞洲西南部，從那裡，人類開始向東、向西遷徙，來到歐亞大陸更偏南、更溫暖的地區。這些遷徙將人類帶到了類似非洲故土的自然環境，因此不一定意味著他們有任何技術突破。事實上，許多其他物種也存在類似在亞洲和非洲之間遷徙的情況。但是當時間來到距今五萬五千年至四萬年前，人類出現在冰河時代的澳大利亞大陸時，這一事件立刻被視為技術創新的明顯標誌。因為抵達澳大利亞大陸需要高超複雜的航海技術，而且要想定居在澳大利亞大陸，人類必須適應完全不同的生物環境。迄今為止，我們還沒發現其他哺乳動物能獨立完成這樣的壯舉。

進一步研究的主題

滅絕｜非洲—歐亞大陸、亞洲及歐洲的人口遷移｜人口增長｜技術

同樣載入史冊的還有約三萬年前人類在西伯利亞的出現。要想在冰河時代末期的中亞大草原（面積廣大、浩瀚無垠的大片無樹草原）生活，你必須掌握捕獲大型哺乳動物（如鹿、馬、猛獁等）的高超狩獵技術，因為此地可食用的植物要比溫暖地區少得多。而且，你必須學會取火，製作貼身的衣物，建造經久耐用的房屋，以保護自己不受嚴寒的侵襲。到了一萬三千年前，通過穿越冰河時代連接東西伯利亞和阿拉斯加的白令陸橋，或是乘船繞道

白令陸橋沿岸，人類抵達了美洲。隨後，在進入美洲的二千年內，一些部落深入到南美洲的南部地區。

每一次這樣的遷徙都需要新的技術，新的植物學、動物學知識以及新的生活方式。這樣，每一次遷徙都代表著一次技術突破，而每一次技術突破都有賴於人類部落在嘗試開發各自小區域的特定資源時，做出的不計其數的技術調整。儘管如此，沒有證據表明這一時期人類部落的平均規模變大了。採集狩獵時代的技術變革使人類居住得更分散，而不是更集中。人類散佈在更加廣泛的世界範圍，但他們仍舊生活在流動的小型部落中。

人類對環境的影響

雖然一般來說，採集狩獵者對他們生活的自然環境影響有限，但那些使人類得以完成上述遷徙的技術創新，卻意味著他們對自然的影響在增加。儘管圍繞下面兩個話題還存在一定爭議，但許多大型動物(巨型動物)物種的滅絕和「刀耕火耨」的盛行，就是人類對自然環境的影響力不斷上升的有力注解。

巨型動物滅絕

在剛剛過去的五萬年中，許多大型動物物種相繼滅絕，尤其是在人類新近踏足的地區，無論是澳大利亞、西伯利亞還是美洲。澳大利亞和美洲可能失去了百分之七十至八十體重在一百磅(約四十五公斤)以上的哺乳動物物種。這些物種包括澳大利亞的巨型袋鼠和袋熊、西伯利亞冰河時代的猛獁和長毛犀牛、美洲的野馬、駱駝、大樹懶和劍齒虎；歐洲可能失去了百分之四十的大型動物物種；而在人類和大型哺乳動物長期共存的非洲，僅有百分之十四的大型動物滅絕。隨著考古學家推算出更加準確的日期，我們發現這些滅絕發生的時間正好和現代人類抵達相關地區的時間大致吻合，這就意味著人類導

思想實驗

如果你所在的部落平均每年遷移十英里(約十六公里)，想想你們需要多少年才能從非洲出發，穿越俄羅斯和西伯利亞，到達阿拉斯加，然後再橫穿整個美洲，抵達最南部的火地島？完成遷移需要技術進步。再想想當你從非洲(這裡氣候炎熱，動植物資源豐富)啟程，到達西伯利亞(這裡氣候寒冷，植被缺乏，有很多大型動物，如猛獁)，再到達北美洲(這裡森林茂盛，充滿了未知的動物和植物)，再先後穿過中美洲的熱帶叢林和安地斯山脈，抵達火地島，一路上你需要多少新的知識技能？

致這些動物滅絕的可能性大大增加。

類似的滅絕在近幾個世紀仍在發生：比如，一種與鴕鳥差不多大小、名為「恐鳥」的動物在紐西蘭滅絕。這個活生生的現代例子向我們展示了，沒有任何與人接觸經驗的大型動物，在面對狩獵技術日趨精湛的人類時，可能會遭遇些什麼。此外，這些動物的低生育率也使他們極易滅絕。大型動物在澳大利亞和美洲的滅絕改變了這些地區的歷史：因為大型動物的喪失意味著人類再也無法利用這些資源，無法將它們馴化成役畜，或者當成食物、纖維素的重要來源。

刀耕火耨

證明早期採集狩獵者對自然環境的影響日益增加的第二個例子，就是澳大利亞考古學家瑞斯．瓊斯（Rhys Jones）稱之為「刀耕火耨」的人類活動。嚴格地說，刀耕火耨算不上一種真正的種植活動。然而就像種植一樣，它是一種通過調控自然來增加人類認為有用的動植物產量的方式。刀耕火耨者會定期燒掉土地上的殘留物，以防止危險可燃物的堆積。定期放火燒地還可以清理低矮的雜草，沉積灰燼。實際上，這種做法加速了已死的有機物的分解，使新生植物迅速萌芽，從而吸引食草動物和捕食這些動物的掠食者。在短短幾天或者幾周之內，獵人便可以重返他們燒過的這片土地，找尋到許多新的植物和以這些植物為食的各種動物。

人類有計劃地在其定居的大陸上焚燒土地。隨著時間流逝，這種活動逐漸改變了當地的地貌和動植物混雜的模式。以澳大利亞為例，千百年來持續不斷的刀耕火耨，使桉樹分佈的範圍越來越廣，但這卻是以其他畏火植物的減少為代價的，也因此塑造了與人類初到澳大利亞時截然不同的地貌。

加快步伐

從距今約五萬年前開始，技術革新的速度開始加快。人類順利遷移到新大陸、新環境，便是技術革新加快的一個佐證。此外，新的技術、技能開始傳播，石質工具變得更多樣、更精緻，很多還安裝了手柄。人們開始使用新材料，如獸骨、樹脂和植物纖維。從距今約三萬到二萬年前開始，越來越多的新式精密工具逐漸出現，包括弓箭和長矛拋擲器。苔原地區（苔原是平坦或稍有起伏的無樹平原，位於典型的寒帶和亞寒帶地區）的採集狩獵者們用骨針縫製動物皮毛，精心剪裁以製成衣物。有時，他們會用動物牙齒或貝殼製成的精美飾品裝點衣物。他們的獵物遺跡顯示，獵人們的狩獵技術（尤其是在寒冷的氣候條件下）已經非常專業，這說明他們對不同環境的瞭解變得越來越熟練。岩洞壁畫、木質或骨質雕塑也開始出現在互無聯繫的非洲、澳洲、亞洲和歐洲各地。

富足採集狩獵者的出現

不斷加速的技術革新帶來了新發展，為最終引導人類進入農耕時代的變革埋下了伏筆。大多數的採集狩獵技術是「分散型」的，它引導人類佔據了廣大的地區，但卻沒有擴大單個部落的規模。然而，採集狩獵者有時也會採用「集約型」技術。換句話說，這是一種引導他們從預定區域內獲取更多資源的技術。這種技術使採集狩獵者們能創建規模更大、更穩定（適宜定居）的部落。這種變化的證據普遍來自於距今二萬年至一萬五千年前，

欽西安人使用的彎木帶蓋木箱，用於儲存毛毯等物品。箱體四周是用赤鐵礦粉等天然顏料繪製而成的線條紋飾。該物品是富足採集狩獵者身份的代表。

其中最著名的證物來自位於美索不達米亞和尼羅河谷之間的走廊地帶，這是連接非洲和歐亞大陸的一片區域。人類學家很早就意識到，居住在物產豐富地區的採集狩獵者們，其流動意識可能會逐漸減弱，他們大部分時間會生活在一到二個主要的定居地內。而且，只要採集狩獵者們發明出能提高特定區域內資源產出的新技術，他們的定居意識便愈發增強。人類學家將這種採集狩獵者稱為「富足的採集狩獵者」。

下一個例子來自澳大利亞，我們在這裡可以對採集狩獵生活進行深入研究，因為原住民將這種生活方式延續到了現代。在過去的五千年裡，澳大利亞多地出現了更新穎、更小巧、製作更精良的石質工具，包括可能用來當作矛尖的袖珍石尖。一些工具製作得異常精美，以至於方圓幾百英里的部落都來進行交易，並將其當成儀式用品。新技術意味著獲取資源的新方式。在維多利亞州，人們曾設計了誘捕鰻魚的複雜陷阱，有的陷阱甚至建有近三百公尺長的管道。在管道的某些點上，人們會設置網兜或錐形陷阱，用樹皮製成的長條或編織好的燈芯草帶捕獲受困的鰻魚。這些「鰻魚農莊」能收穫數量可觀的鰻魚，於是人們開始在附近興建相對固定的居住設施，其中一個居住點包含近一百五十個由石頭搭建的小屋。除了鰻魚，這些小型定居點的居民還靠本地的其他資源生活：從鴯鶓到袋鼠，都成為他們的獵物，他們還將當地植物也當成食物，如雛菊或山藥的塊莖、蕨類植物以及各種旋花科植物（旋花科的草本植物、灌木植物等）。

一些部落開始收穫各種植物，如番薯、水果、穀物等，這意味著人類開始向農業社會轉型。人們在收穫番薯時，會有意識地促使其重新生長；人們還會故意將水果的種子種到廢物堆裡，以建成小型的果園。

在更加貧瘠的澳大利亞中部地區，早期歐洲殖民者目睹了當地部落用石刀收穫野生小米，並將其壘成大草垛存儲起來。在一些地區，考古學家還發現了一萬五千年前用於研磨植物種子的磨石。在澳大利亞沿海的許多地區，人們開始划著小船，用貝殼製成的魚鉤打魚。捕魚活動使他們得以建立人口更多、居住更集中的部落。總體來說，定居在沿海地區的人口要比內陸地區的人口更多、更密集。

富足採集狩獵者部落的出現，為人類歷史下一個關鍵的過渡期開闢了道路：在這個時期，那些有計劃、系統性地操控自然，以期從預定區域獲取更多資源的新部落出現了。我們將人類從事這種活動使用的所有技術命名為「農業」將農業技術占絕對主導地位的這個時代稱為「農耕時代」。

世界歷史中的採集狩獵時代

歷史學家們時常推測，在漫長的採集狩獵時代，沒有多少東西發生了變化。對比人類歷史的後續時代，這種推斷似乎是正確的。在採集狩獵時代，即使發生變化，其速度也相當緩慢，以至於個人窮其一生也很難察覺到這些變化。如此一來，男男女女都很難意識到技術革新的重大意義。儘管如此，對比人類出現以前的時代，採集狩獵時代的技術革新速度已經相當驚人。由於人類掌握語言符號，技術協同成為可能（通過語言連絡人類個體，從而產生創造力），人類社會逐漸成功地學會了在不同的自然環境中定居生活。新技術的逐步積累，使採集狩獵部落通過遷移，定居到世界大部分地區。這是史無前例的壯舉，不僅其他靈長類動物沒有做到，就連我們的猿人祖先也沒有做到。

在二十五萬年的時光裡，變革的速度逐漸加快。在最近的五萬年中，世界各地的採集狩獵技術均呈幾何倍數增長。最終，採集狩獵技術發展得足夠高超，使某些地區的一些部落能夠更加深入、更加集中地利用當地資源。這種變化標誌著邁向農耕社會的第一步。

THIS FLEETING WORLD

加速

農耕時代

3

A SHORT HISTORY OF HUMANITY

隨著第一批農業部落的出現，在距今一萬一千年至一萬年前，農耕社會誕生了。我們可以將農耕社會定義為人類歷史中農業生產技術占絕對主導地位，並成為大多數人類社會根基的時代。在近二百五十年以來，隨著現代工業技術在生產力水準上趕超農業，並逐漸改變人類的生活方式，農耕社會逐步走向消亡。

……

雖然和長達二十五萬年的採集狩獵時代相比，農耕時代僅僅延續了區區一萬年，但迄今為止，百分之七十的人類成員可能都生活在農耕社會，因為這一時代的技術遠遠比採集狩獵時代數量更多。

農耕時代以其絢麗的多樣性著稱於世，其豐富程度甚至超過了採集狩獵時代和現代社會。可事實上，多樣性是技術創新和技術停滯共同作用的產物，因為新技術（如農業技術和畜牧業技術）雖然開創了新的生活方式，但通信技術的局限和落後卻保證了世界不同地區的有效隔離，使各地都能沿著自己的既定軌道獨立發展。我們現在可以確認幾個截然不同的「世界區域」，這些區域直至西元前一千五百年，彼此之間沒有任何聯繫。這四個最著名的世界區域是：非洲—歐亞大陸（從非洲南部一直延伸到西伯利亞西北角）、美洲、澳大利亞以及太平洋各島嶼。

在每個世界區域內，各地區社會之間保持著藕斷絲連的物質和文化聯繫，並且形成了一個較大的網路。在某些世界區域內，由於相對緊密的政治、經濟、文化聯繫，「農耕文明」出現了。時光荏苒，這些文明逐漸和其他地區的農耕文明建立了聯繫，也和生活在各大農耕文明交界區域的人們展開了交流。儘管如此，據我們所知，直至西元前一四九二年，不同世界區域間還沒有任何顯著的交流。生活方式的豐富多彩和不同地區之間的相對孤立，解釋了為何相比採集狩獵時代和現代社會，我們更難總結出一套放之四海而皆準的農耕時代的社會特徵。

當然，世界各地的發展軌跡總是有著驚人的相似點。農業在世界各地是獨立出現的，無獨有偶，國家、城市、歷史建築以及書寫文字也是如此。所有這些類似之處引出了一系列深刻的、關於人類歷史演化基本模式的問題：無論在任何地區，無論在任何社會和生態條件下，人類歷史是否存在一個基本輪廓，一個大體一致的發展方向和模式？如果這種基本模式存在，它是否來源於我們這個物種的天性或者文化演變的基本原則？抑或這些類似都是誤導性的？我們是否應該強調人類歷史經驗的多樣性、開放性，而不是其一致性和趨同性？

農業的起源

「農業」一詞在這裡用來描述能夠增加人類優選的動植物產量並且一直在演化、發展的各種技術。從生態學上講，農業能比採集狩獵更有效率地獲取自然界通過光合作用儲存的能量與資源。因為耕種者能比採集狩獵者更自覺地介入自然環境，農業放大了人類對自然環境、自身文化和生活方式的影響。農業生產者如此密集深刻地調控動植物物種，以至於他們的選擇開始改變作物的基因構成，我們將這一過程稱為「馴化」。通過砍伐森林、使河流改道、開墾山坡和耕種土地，農業生產者極大地改變了地球的面貌，使其越來越受人類活動控制。

最終，通過改變自己的生活方式，農業生產者創建了新型社會群落。就規模和複雜性而言，它們和採集狩獵時代的部落有著天壤之別。人類不僅馴化了其他物種，也馴化了他們自己。

農業不會使土地的作物產量自動增加。事實上，農業生產者會通過去除對人類無用的物種，降低土地的總產量。他們增加的僅僅是那些對人類有用的作物產量。去除無用的雜草可以將更多的養分、陽光和水留給馴化作物，如玉米、小麥和稻穀；而消滅狼群和狐狸則能夠使牛羊和雞群繁盛興旺起來。通過提高人類優選的動植物的產量，農業生產者得以供養更多的人口。在使用採集狩獵技術的時代，這是不可能實現的。

採集狩獵時代的技術變革是粗放型的（通過拓展生活範圍使人口數量翻倍增長），而農耕時代的技術變革則是集約型的

思想實驗

設想你將在自然災害後重新開始生活。你去不了商店，因為交通和通信系統仍無法運作。你能吃的所有東西僅限於森林和田野中可以找到的食物。在你力所能及的範圍內，你能找到哪些可以放心食用的東西？你會如何烹製它們？如果生吃，你能想像嚼食生魚和野生穀物的感覺嗎？另外，如果你想自己種植食物，你該從哪裡入手呢？

（它使得更多人口能夠在預定區域內生存）。久而久之，人類及其馴化的動植物開始在更大、人口更稠密的社會群落定居下來；如此一來，人類居住的生態和社會環境發生了徹底的改變，這種改變的性質和速度在人類歷史進程中都是革命性的、前所未有的。

農耕時代的最早證據

農耕時代最早證據的確切日期還有待修正。迄今為止，農耕時代的最早證據來自美索不達米亞和尼羅河谷之間的走廊地帶，這是連接非洲和歐亞大陸的重要通道。在肥沃的新月地帶（即環繞美索不達米亞地區重要河流的弧形高地），自西元前八千年（距今一萬多年前）起，人們就已開始種植穀物。在尼羅河以西的撒哈拉沙漠（那時的土地還不像今天這樣貧瘠），人們可能早在西元前九千年至前八千年就已經學會馴化牲畜，在隨後的一千年內，人們可能又開始種植高粱。在非洲西部，人們從西元前八千年起就開始種植番薯。在中國，人們從西元前七千年起便開始在南方種植稻米，在北方種植其他穀物。此時，在馬來群島的巴布亞紐幾內亞，人們已經開始了基於番薯和芋頭（一種大葉的亞洲熱帶植物）種植的農業生產。最早種植根莖類作物的部落可能來自熱帶沿海地區，然而隨著冰河時代後期海平面的上升，大多數這樣的遺跡都被淹沒了。在中美洲（含墨西哥及其南部半島的大部分地區），人們儘管可能早在西元前七千年就開始種植瓜類，但直到西元前五千年，系統性農業的證據才開始出現。在安地斯地區，農耕時代開始的最早證據出現在西元前三千年。正是從上述地區和其他農業生產獨立出現的地區，農業生產技術及其生活方式逐漸擴展到世界的大多數地區。

迄今為止，我們對農業誕生的源頭仍缺乏令人信服的解釋。任何相關的解釋都必須說明一個有趣的現象：在採集狩獵的生活方式延續了二十多萬年以後，農耕種植的生活方式為何在短短的幾千年裡就在彼此沒有密切聯繫的世界各地蓬勃發展起來了。當我們認識到農業是在世界多地各自獨立發展起來的時候，我們也就推翻了曾經盛行一時的一種觀點：認為農業是一項絕妙的發明，當它在誕生地出現時，人們就認識到了它的優勢，並將其從單一中心推廣到世界各地。但當研究者發現採集狩獵者即使知曉農業，卻仍堅持原有的生活方式時，上述觀點就進一步受到衝擊。採集狩獵者反對改變，可能是由於早期農耕者的營養和健康水準普遍低於周圍的採集狩獵者，而農耕者承受的壓力卻

·農耕時代大事年表·

西元前一萬三千至 前一萬一千年	部分人類開始定居生活。
西元前九千至前八千年	人類在非洲撒哈拉地區馴化牲畜。
西元前八千年	穀物種植出現在美索不達米亞。 番薯種植出現在非洲西部地區。
西元前七千年	中國南方、北方分別開始種植稻米、穀物。 巴布亞紐幾內亞開始種植番薯和芋頭。 中美洲開始種植瓜類。
西元前四千年	農副產品革命出現在非洲-歐亞大陸。
西元前三千年	南美洲安地斯地區出現作物種植。 美索不達米亞和埃及出現城市和國家。
西元前二千五百年	印度、巴基斯坦和中國北方出現城市和國家。
西元前二千年	歐亞貿易網路開始發展。
西元前一千年	中美洲和安地斯地區出現城市和國家。
西元前五〇〇—一千年	新城市和新國家開始誕生，人口增加， 地區間貿易網路發展。
五〇〇至一二〇〇年	很多太平洋島嶼有了人類定居。
一五〇〇年	貿易和遷移將所有主要世界區域緊密相連。
一七五〇年	隨著工業化進程的出現和擴展， 農耕時代走向衰落。

進一步研究的主題

安地斯國家｜古代埃及
哈拉帕文明和印地文明｜中美洲
美索不達米亞｜

要高於他們。如果農業反而會降低生活水準，那麼關於農業如何起源的解釋就要更多依賴於「推動力」而非「拉動力」。換句話說，早期農耕者並非心甘情願地接受這種生活方式，而是如我們推測的，他們是被迫接受農耕生活的。

富足採集狩獵者

解釋農耕革命起源的輪廓已經成形，但是許多細節還需要實際例子的支撐。人們已經對中美洲和美索不達米亞的農耕文明進行了深入的研究。在上述兩個地區，農耕村莊都是伴隨著採集狩獵者加大對特定資源的開發力度，並逐步提高其工具和技術的精準和效率以適應環境，如此這般，歷經幾個世紀後逐漸形成的。這是邁向農業的第一步。當步伐越走越遠，這樣的技術工具便可以將傳統採集狩獵者轉換成「富足採集狩獵者」。相比傳統採集狩獵者，富足採集狩獵者能從預定區域獲取更多的資源。久而久之，他們得以獲取足夠的資源，過上半定居的生活：在一個地方住上大半年。這種生活模式在物產豐富(如魚類和野生穀物充足)的地區尤其容易出現。上一個冰河時代末期，這種社會群落在世界多地出現，這種現象讓我們不由得將這些變化和始於一萬八千年至一萬六千年前令人捉摸不透的全球變暖聯繫起來。

在溫帶和熱帶地區，溫暖的氣候可能已經造就了局部的「伊甸園」——物產極其豐富的地域——原本稀少的高營養植物(如野生稻穀)在這裡繁榮興盛起來。實際上，由於上一個冰河時代嚴酷的氣候條件，集約型農業基本不可能實現；可是到了後來，冰河時代末期竟成為農業產生的關鍵條件之一，使農業在近十萬年內第一次成為現實。

上一個冰河時代的末期正好和採集狩獵時代全球人口大遷移的最後階段重合。人類學家馬克·科恩(Mark Cohen)指出，截至上一個冰河時代末期，地球上已經很少有人類未曾涉足的地方，而且從採集狩獵時代的標準來看，當時世界的一些地區已經出現人口過剩的問題。或許正是由於當時溫暖、濕潤、適合作物生長的氣候與部分地區不斷增長的人口壓力不期而遇，促使一些採集狩獵部落在一萬一千年至一萬年前開始定居生活。納吐夫部落就是代表這種變化的一個典型的例子，一萬四千年至一萬二千年前，他們生活在美索不達米亞附近肥沃的高地上。納吐夫部落大體上已開始定居生活，但他們仍延續

黑海
安納托利亞
哈桑・凱米
台比西
恰塔霍裕克
哈吉拉爾
恰約尼
阿布胡賴拉
底格里斯河
紮維・凱米
沙尼達爾
塞浦路斯
地中海
美索不達米亞
耶莫
艾因・哈紮爾
內提夫・哈杜德
耶利哥
尼羅河
三角洲
甘茲・達列赫
阿里・庫什
幼發拉底河
梅里姆達
北
波斯灣
尼羅河
撒哈拉
紅海
納布塔
培亞
瓦迪・庫巴尼亞
比爾・庫賽拜
0
400英里
0
400公里
西亞和埃及的
原始農耕社會

採集狩獵的生活方式，採收野生穀物並捕捉瞪羚。在尼羅河東部的衣索比亞，類似部落可能直到現代社會早期依然存在，他們以採收野生高粱為生。

充分發展的農業

最終，一些定居或半定居的採集狩獵者變成了農業生產者。對農業生產出現後的第二階段的最佳解釋可能來自人口統計學。如前所述，針對遊牧式採集狩獵者的現代研究發現，採集狩獵者部落可以通過各種方法控制人口增長，如延長母乳餵養時間（這樣可以抑制婦女排卵）、殺嬰、殺老等各種方式。當然，對於定居在物產豐饒地區的採集狩獵者們來說，這種限制完全沒有必要，可能早已被廢止。即便如此，經過兩到三代的發展，定居在物產豐饒地區的採集狩獵者們可能也很快發現，周圍環境能夠提供的資源已經無法滿足日益增長的人口的需求。

人口過剩帶來了兩個顯而易見的選項：遷移或精耕細作（在相同面積的土地上產生更多的食物）。當土地資源匱乏，且臨近部落也面臨相同問題時，他們可能別無選擇。定居下來

——進一步研究的主題——

農業社會｜農副產品革命｜水資源管理

的採集狩獵者必須精耕細作。即使是那些能夠返回其傳統遊移生活的採集狩獵者可能也會發現，兩三代以後，他們便無法涉足祖先曾有的領地，他們也會逐漸失去遊移式採集狩獵者應有的技能。那些選擇精耕細作的部落必須利用現有技術，努力提高生產力。他們已經有了不少急需的知識：他們知道如何除草，懂得如何灌溉，知曉如何馴化各種牲畜。人口過剩也為人們更加精確、系統地應用這些知識注入了一劑強心針。上一個冰河時代末期出現的全球氣候變暖擴大了可食用作物（如小麥和野生稻米）的耕作範圍，提高了產量，使農業的精耕細作成為可能。

上述論據似乎都可以證明為何人類邁向農業社會的過渡期出現在上一個冰河時代末期。它們也符合我們所知的其他

思想實驗

上一個冰河時代之後，更加溫暖、濕潤、適應作物生長的氣候也許可以解釋為何採集狩獵者最終彙集成為農耕社會。你認為二十一世紀的全球氣候變化能夠改變我們居住的這個社會的根本性質嗎？它會像一萬一千年前發生過的那樣，引領我們創建一種全新的生活模式嗎？

地區向農業過渡時期的情況，尤其是溫帶地區——這裡的農業主要建立在穀物種植基礎之上。這些論據還有助於解釋為何一些地區未能出現高度發達的農業（如澳大利亞），儘管我們的考古記錄中已經有不少澳大利亞邁向農業社會的早期證據，如富足、半定居式的採集狩獵者的出現。

變革的種子

當農業出現在一個地區之後，它便開始傳播。這首先是由於農耕部落的人口迅速增長，他們必須找到新的土地用於耕種。儘管對許多採集狩獵者來說，農業可能只是一個毫無吸引力的選項，但農耕部落通常確實比採集狩獵部落擁有更多的資源和人口。當衝突發生時，更多的資源和人口意味著更強大的力量。農業最容易擴展到那些與現有農業區接壤，且擁有相似土壤、氣候和生態的地區。而在環境條件不同的地區，農業的擴展則有待於新技術的發展成熟，如能夠適應新定居點自然環境的更好的灌溉手段和新型的作物品種。

位於Kabah-Puuc的雕刻，古瑪雅的玉米及雨神。

這樣的變化十分明顯，例如，當農業從亞洲西南地區擴展至氣候更涼爽、濕潤的東歐、中歐和北歐時，或是當玉米種植從中美洲向北擴展時，都需要在一定程度上依靠作物本土化時產生的細微基因變化。在沒有新技術的地方，採集狩獵的生活方式可能延續更長的時間，農業的擴展可能被抑制，有時甚至會推遲數千年時間：例如歐亞大陸無樹草原的邊緣地帶，農業種植的生產方式直到現代才被引入。通常，農業擴展都會經歷所謂「萌芽」階段：部落村莊人口過剩，年輕家庭被迫開闢新的土地，定居在離原來村莊不遠的地方。

總體特點和長期趨勢

儘管存在超乎尋常的文化多樣性，農耕部落之間共用一些重要的特徵，這些特徵確保了農耕時代的延續。這些特征包括：以村莊為基礎的社會構成，人口活力增強，技術創新加速，農副產品革命，灌溉，流行性疾病，權力等級，以及與非農耕民族的關係等。

以村莊為基礎的社會構成

所有農耕社會的根基都是村莊，這是由耕種農戶組成的較為穩定的社區。儘管地區與地區之間在作物品種、農耕技術和禮節儀式等方面差異巨大，但他們都受春耕秋收、夏儲冬藏的農耕節奏的影響，都需要家庭內部和家庭之間的協同合作，都需要處理與外部族群之間的關係。

人口活力增強

不斷提高的農業生產力，意味著農耕時代的人口增速遠遠超過採集狩獵時代。快速的人口增長意味著支撐其成為現實的村莊模式和技術，最終將擴展到可以進行農業生產的其他地區。現代研究顯示，在農耕時代期間，世界人口由一萬年前的六百萬增長到一七五〇年現代社會初期的七億七千萬。雖然這些數位背後隱藏著巨大的地區和年代差異，但基本可以得出每年約萬分之五的平均人口增長率；以這種增速，人口每一千四百年會翻倍。我們可以把這種速度和採集狩獵時代每八千年至九千年翻倍的速度，以及現代社會約八十五年翻倍的速度做一下對比。

技術創新加速

本地人口壓力、向新環境的擴張以及不斷增長的思想和貿易交流，都促使農耕技術不斷進步。大多數技術突破來源於針對特定作物的細微調整和改變，如確定播種的時間或者選擇更好的品種。但總體來說，生產力的提高還是依賴於各種環境下全面的技術創新。實行刀耕火耨的農業生產者用火焚燒森林，清理出空地，並在森林燃燒留下的灰燼上種植作物。幾年以後，當土壤的營養物質耗盡，他們又會遷往別處。在山區，農耕者們學會了如何開發坡地，他們會建造形似臺階的梯田。

農副產品革命

其中一項最重要的技術創新對非洲—歐亞大陸世界區域產生了深遠的影響。考古學家安德魯．謝拉特（Andrew Sherratt）將這些變化稱為「農副產品革命」。從大約西元前四千年開始，一系列的技術創新使非洲—歐亞大陸區域的農耕者得以更有效地利用大型牲畜的農副產品——那些無需屠宰牲畜就可以加以利用的產品。農副產品包括纖維、奶、用作肥料的牲畜糞便以及用於耕田犁地、運輸人員和物資的牽引動力等。在乾旱貧瘠的地區，如歐亞大陸的無樹草原、亞洲西南部的沙漠、東非大草原等，農副產品革命創造出一種全新的生活方式——畜牧業，這是一種所有部落成員都依靠他們飼養的牲畜生活的模式。和農耕時代典型的種植部落

農副產品革命

正如下面來自牛津大學網站的引文所述，「農副產品革命」是一種仍需六千多年前的遠古文物不斷測試的理論。

牛津大學考古學系教授、阿什莫林博物館歐洲史前文物部主任安德魯．謝拉特參加了第一個計畫。正是他首先提出，除了肉食，人類可能並未利用第一批馴化動物的農副產品(如奶、羊毛、鬃毛和牽引動力)，而是直到西元前四千年左右，擠奶和其他動物農副產品的開發才成為史前農業生產的一部分。這種社會經濟轉型有助於推動社會發生革命性變化，如遊牧部落的誕生，地中海農耕經濟的產生，以及複雜的國家層面的社會的出現等。

牛津大學黎凡特考古實驗室向研究機構提供了出土於以色列內格夫沙漠、西元前四千五百至前四千年的陶製器皿碎片，檢測其中是否含有奶液殘留，用以測試謝拉特提出的「農副產品革命」假說。這些樣品如今正在理查．埃弗謝德(Richard Evershed)教授位於布里斯托大學的生化研究中心接受檢測。

來源：牛津大學希伯來及猶太研究中心。(2004)。2007 年5 月18 日檢索。
來自：http：//www.ochjs.ac.uk/Levantine.html

不同，畜牧生產者通常是遊牧式的，因為在畜牧業興盛起來的乾旱草原，牲畜須在各處草場時時遷移，以確保它們有足夠的草料。

儘管如此，農副產品革命的主要影響還是集中在種植區，在那裡，馬、駱駝和牛已經開始用於耕種土地以及運輸人員和物資。羊駝的馴化，意味著南美洲也曾有過農副產品革命的經歷，但其主要的影響還是局限於非洲—歐亞大陸地區，因為美洲大多數有可能被馴化的動物都在採集狩獵時代消失殆盡。非洲—歐亞大陸歷史和美洲歷史之間的許多重要的差異，可能最終會歸結於這個關鍵技術的不同。

只需要灌溉

被統稱為「灌溉」的水利管理技術，對農業生產力的影響更大。懂得灌溉的農民將小股水流導引到自家田地；還會用泥土或廢渣填充沼澤，鋪墊新的土地；他們還修建運河網路和堤壩，服務於整個地區。在非洲—歐亞大陸、南北美洲甚至巴布亞紐幾內亞等太平洋各島嶼，人們都已開始某種形式的灌溉。灌溉技術影響最大的地區當屬土壤肥沃但氣候乾旱的地區，如分佈在埃及、美索不達米亞、南亞次大陸北部和中國華北地區等地的沖積平原，以及南美安地斯山脈的低窪地帶。在上述地區，灌溉型農業十分高產，隨之帶來了迅猛的人口增長。

隨著農業生產力越來越高，傳播範圍越來越廣，它已經能夠支撐規模更大、人口更稠密、相互聯繫更緊密的社群。在這些社群中，由於人口壓力和資訊交流日益頻繁，持續穩定的創新活動在許多領域不斷湧現：包括建築、戰爭武器、資訊記載、交通、商業、科學和藝術等。反過來，這些創新活動又刺激了人口的進一步增長，這就可以解釋為何農耕時代的變革比採集狩獵時代更加迅速。儘管如此，創新活動仍然很難跟上人口增長的步伐。這種滯後可以解釋為何從年代甚至世紀的宏觀層面來看，所有的農耕社會都無法逃脫先擴張後消亡的歷史怪圈，這種循環在一定程度上掩蓋了人類社會發展向前的大體趨勢。此外，這種循環也造就了更加顯而易見的歷史發展模式：政治的起伏、商業的成敗、文化的興衰等。這些都曾是讓歷史學家們十分著迷的話題。

這種興衰交替的模式被稱為「馬爾薩斯週期律」，這是以十九世紀英國經濟學家湯瑪斯・馬爾薩斯（Thomas Robert Malthus）的名字命名的，他堅稱人口會比食物供給增長得更快，從而引發饑荒和突然的經濟衰退。

流行性疾病

由於流行性疾病和低下的生產力水準，人口增速可能減緩。採集狩獵部落基本上沒有流行性疾病，因為他們規模小且流動性強，而農耕社會卻為病原體（致病媒介）創造了更為適宜的環境。與牲畜的密切接觸使病原體有機會從動物轉移到人體；垃圾的不斷積累為疾病的滋生和害蟲的繁殖提供了溫床；而人口眾多的社群則為流行性疾病的傳播和蔓延準備了大量潛在的受害者。於是，由於人口增長和部落間交流急劇增加，疾病在地區間的傳播越發暢通無阻。就像人類搭上了馴化動物這輛快車，各種疾病也開始搭上人類這輛快車。疾病的影響，通常是從災難性的流行性疾病爆發開始，隨後經歷一系列病理弱化的過程，最終在多地民眾的免疫系統適應了新型疾病後，以災難性爆發的日趨減少結束。

正如歷史學家威廉·麥克尼爾（William McNeill）指出的那樣，非洲—歐亞大陸世界區域內廣泛的流行病交換，使這一地區的人口形成了足以應對大量疾病的免疫力，而其他世界區域的人口在這些疾病面前仍十分脆弱。跨越歐亞的疾病交流可能有助於解釋為何在西元元年後的第一個一千年裡，人口增長緩慢——因為這些流行性疾病曾多次爆發。它也可以解釋為何在一四九二年世界重新聯合以後，疾病交流的災難性後果主要出現在非洲—歐亞大陸以外的地區。畢竟，非洲—歐亞大陸地區的人們已經獲取了足夠的免疫力，能夠抵禦比其他世界區域的人們多得多的疾病。

權力等級

在許多熱帶地區，人們可以根據生活需要逐步收穫根莖類作物。然而在穀物種植區，如亞洲西南部、中美洲以及中國，作物成熟幾乎都在同一時間；這樣，所有的莊稼都必須在很短的時間內收穫並儲存。正是出於這個原因，穀物種植使得人們能夠積累和儲存大量剩餘的糧食，這在人類歷史上是第一次。隨著種植穀物的農民人口翻倍和生產力的不斷提高，儲存的剩餘糧食越來越多。為了控制不斷增加的寶貴糧食庫存，衝突時有發生，這就導致了新形式的社會不公，形成了新的權力體系。

儲存糧食的增加使人類社會第一次有能力養活大量的非農業生產者，他們都擁有專業技能，如牧師、陶工、建築工人、軍人或藝術家。這些人都不直接從事農業生產，而是用他們各自的產品或服務換取食物和其他生活所需。隨著農業生產者和非農業生產者開始交換物資與服務，人類歷史上第一次出現了勞動分工。伴隨著勞動專業化程度的提高，家庭與家庭、社會群落與社會群落之間的相互依存越來越密切，聯繫個人與社會間的職責和依賴關係的網絡也越發緊密。

最終，剩餘糧食逐步增長到足以支撐各種精英團體的程度。這些精英團體要麼通過交換物資和服務，要麼通過武力威脅，實現了操控和管理他人生產的物資。農民開發自然環境，一些團體專門剝削農民，而這些團體又受上層集團剝

思想實驗

職業測試有助於將多種職業可能壓縮至契合個人特點和興趣的少數幾個特定領域。這種測試對學生非常有價值，且十分有助於長遠目標的實現。想想如果每個人都幹同樣的工作，現代社會該如何運作？然後想想這唯一的工作最有可能是哪種職業？(去問問農民！)

削，如此這般，人類社會開始出現等級結構。威廉・麥克尼爾將這些精英團體稱之為「宏觀寄生蟲」(macroparasites)，而人類學家艾立克・沃爾夫(Eric Wolf)稱其為「納貢者」(tribute takers)。

與非農耕民族的關係

最後，農耕時代的另一個顯著的特點即是農耕社群和其他類型社群之間的複雜關係。在整個農耕時代，居住在主要農業區之外的放牧者和採集狩獵者仍持續地對農耕社群施加影響：他們在農耕區之間運輸物資；向農耕區引介新技術(例如與畜牧業有關的相應技術——從改進後的馬鞍到更加先進的武器)；進行商品貿易(如皮毛、象牙或羽毛)。

城市出現之前的農業社會——西元前八千至前三千年

早期農業社會是指農耕部落業已存在，但尚未出現大型城市和國家的時期。在非洲—歐亞大陸地區，這一時期從約西元前八千年一直延續至約西元前三千年，也就是第一批城市出現的時期；在美洲，這一時期開始時間稍晚，但持續時間更長；在大洋洲和太平洋島嶼地區，這一時期一直延續到現代。

村莊組成的世界

在早期農耕時代，村莊是地球上最大、最常見的社會組織模式，也是人口活力和技術創新能力最重要的源泉。在今天的世界，無論從人口、技術、文化還是政治方面來看，村莊已經被邊緣化，而我們大多數人也都忘記了千百年來村莊在人類歷史中扮演的關鍵角色。在早期農耕時代，大多數村莊都在進行人類學家稱之為「園藝種植」的農業活動。這些活動主要依賴人力（如果對比現代社會，主要是女性人力），而他們的主要勞作工具則是各種各樣用於挖掘的木棍。當然，這些村落也進行了不少先鋒性的創新活動，如改進灌溉和修築梯田，最終使人口更多的農耕社群得以出現。於是，村莊便成為千百年來農耕社會人口和地域擴張的主要原因。

等級制度的出現

在早期農耕時代的村莊裡，由於稠密的人口居住在相對狹小的空間，人們開始遇到新的問題。隨著部落規模的擴大，人們必須找到定義自己與鄰里關係的新方法、新途徑——確定誰有資格管理庫存資源、誰掌控司法、誰組織戰事、誰管控貿易和宗教信仰等。隨著專業化的範圍擴大，農耕部落還必須找出一套調控人與人之間交流和衝突的辦法，因為此時人們的利益和需求已經逐漸多樣化。小型採集狩獵部落原本只需基於血緣的家族式規則便已足夠，現在卻必須用更加複雜的規則加以補充，用來規範人與人之間的行為，因為此時人們之間的接觸越來越短促，且呈現出匿名化、非個性化的特點。此

梯田

在東南亞各國(如菲律賓和印尼)，山間蜿蜒盤旋的梯田是令人歎為觀止的奇觀異景，也是遊客必到的景點，其中一些梯田已耕種了二千多年。以下描述菲律賓北部伊富高(Ifugao)部落的選文顯示，修築梯田可能比遠遠看上去複雜得多。

「**開荒地**」(Habal，坡地、番薯地、燒荒開墾地)。在坡地上開墾，通常沿等高線修築(尤其適合種植番薯)。其他旱地高山作物(包括芋頭、山藥、樹薯、玉米、小米、綠豆、木豆等，但是不包括海拔六百至七百公尺以下種植的水稻)也可以在坡地上合理地間作套種。通常在連續幾年正常的耕作週期下，間作套種的作物彼此界線分明。

「**屋舍梯田**」(Lattan，定居點、村莊梯田、居住地)。水準梯田，土地表層光滑或有墊層，但並未耕作；主要用作房屋或穀倉的庭院，用於晾曬穀物等。各自分散獨立，築有籬笆、圍牆等，各有其主。

「**排幹田**」(Qilid，排幹梯田、壟田)。水準梯田，土地表面平整，表層經過耕作或挖有溝渠(通常沿等高線修築)，便於種植旱地作物，如番薯和豆類。排幹田雖屬私人所有，但這種暫時的排幹狀態只會延續很短幾年，便會回到更加持久穩定的梯田使用狀態。

「**池塘田**」(Payo，築堤梯田、稻米梯田)。農田平整，築有堤壩，以保持土地有淺水淹沒，為濕地作物(如稻米、芋頭和其他作物)的種植創造條件。

這種田地屬私有財產，田地間有石製標記，是價值最高的土地形式。

來源：康克林．H．C(1967-68)。伊富高民族研究面面觀。
New York Academy of Sciences , Transactions , ser. 2, 30, 107-108。

外涉及整個部落的大型計劃，如修建寺廟、挖掘運河、準備戰事等，也需要有新型的領導團體。

考古學證據顯示，所有這些由人口規模擴大、人口密度增加導致的社會壓力最終造就了制度化的政治、經濟等級。在這種制度下，富有的統治者、牧師和商人位於社會頂層，而貧窮的奴隸、流浪者則處在底層。考古學家懷疑，但凡同一社群中墓穴或住所大小不一時，就意味著等級制度已經出現。當發現夭折兒童的墓穴格外奢華時，我們便幾乎可以確認新興的等級制度是可以繼承的，父母可以將地位傳給自己的兒女。當紀念性建築出現時，如太平洋復活節島上的雕像或是巨石組成的圓圈（像英國的巨石陣），我們便可以確信，此時的社群首領已經有足夠權力可以組織並協調成百上千的勞動力。

早期婦女地位的限制

性別等級可能是最早的制度化等級之一。當家庭成員和外部成員建立起更加複雜的人際關係時，他們勢必會受到新規則、新系統的影響，並擁有新的期望。日益加深的勞動分工也在家庭和村莊以外創造了新的機會。然而，在一個每戶家庭的經濟社會地位完全依賴盡可能多生養子女的世界，女性通常沒有多少機會承擔更加專業化的角色——而這些角色往往會帶來巨大的權力和財富。語言學家、考古學家伊莉莎白·巴伯（Elizabeth Barber）曾指出，上述事實可以用來解釋為什麼男性更容易在剛剛出現的等級制度中佔據高位。戰事可能也改變了性別關係：隨著人口增長，部落間競爭加劇，男性開始壟斷暴力組織。

無論出於何種原因，男性在村莊以外權力構建中的壓倒性優勢重塑了村莊和家庭內部的關係和觀念。基於其在家庭外部逐步顯現的權力構建中的地位，男性開始出現天生的優越感，而女性則越發受到她們在家庭中扮演的角色及其與男性關係的束縛。即便能在家庭以外賺錢養家的女性，也仍然在家務活動中受到上述關係的制約。在家庭內部，農業社會的生活方式和需求確保了男性、女性需要繼續協同合作。家庭內部這種親密關係的構建主要依靠個人素質和性別差異。儘管如此，在家庭之外，一種由文化期望和權力關係交錯而成的強大網路還是出現了，我們稱其為「父權制度」。

領導者和領導力

隨著本地社群被納入更加廣泛的交流網路，權力等級也塑造了其他關係。在這些更加寬廣的交流網路中，傳統的親緣關係思維不再奏效。家族宗譜也開始穿上了半虛構式的外衣，整個社群都聲稱他們源自共同的、通常帶有神秘色彩的祖先。這種家族宗譜觀念催生出新型的等級制度，即通過判定與創始人血緣關係的親疏遠近來為後代劃分等級。血緣親近的後代往往擁有更高的社會地位，此時，貴族便開始出現了。

儘管如此，當民眾選擇領導者時，能力和出身都有同等的分量。當出身高貴的人缺乏領導才幹時，那些擁有更多才能，以神靈的撫慰者、捍衛者和調停者身份出現的人，便常常被人們選作領導者，去輔佐或替換

思想實驗

設想如果今天你的學校因火山爆發被掩埋，而在距今一千年後又被人挖出，考古學家可以根據哪些線索判斷出誰是學校的領導？倘若對未來的調查者來說，房間的大小可以說明問題的話，那麼體育教師(在體育館中引導活動)就應該是最有權威的人；倘若書籍的數量說明問題，那麼學校的圖書管理員就應該手握權力了；倘若未來的考古學家們知道支票和信用卡是什麼模樣，他們也許就會關注財務辦公室了。

那些出身高貴的無能者。最簡單的領導方式源於社群的需求，因此領導者主要需要依賴民眾的首肯。這種首肯使早期的權力結構十分脆弱，因為一旦領導者未能完成民眾期冀的任務，他們的權力便會迅速蒸發。

儘管如此，隨著社群擴大，領導者手中的資源越來越多，他們開始匀出其中一部分，專門用於供養職業執法人員或早期軍隊。通過這種方式，領導者至少可以脅迫由其統治的部分民眾，說明其用武力威脅控制勞動力，並聚合更多的資源。儘管考古學證據和人類學研究可以為我們提供許多特定社群此類過程逐步清晰顯現的暗示，但是我們基本上已無法得知這些過程的細節。這些過程為更加強大的政治組織（我們稱之為「國家」）的形成鋪平了道路。國家的出現和大型、定居式社會群落（我們稱之為「城市」）的產生基本是同步的。

最早的城市和國家——西元前三千至前五百年

對於那些將歷史定義為「通過書面記載研究過去」的人們來說，西元前三千年到前五百年才是人類歷史真正開始的時期，因為在這一時期，書面記載的資料在兩大世界區域（非洲—歐亞大陸和美洲）出現了。在此之前，我們談論的所有一切都只能歸結於「史前」。從世界史角度來看，這一時期標誌著人類社會在規模和複雜性上都邁上了一個新的台階。在世界區域中面積最大、人口最多的非洲—歐亞大陸區域，第一批城市和國家出現在西元前三千年左右。在美洲，第一批城市和國家出現在中美洲和秘魯，但時間比非洲—歐亞大陸區域晚了二千多年。在大洋洲，城市和國家在整個農耕時代都沒有出現；但在太平洋地區，在距今一千年左右，國家的萌芽在一些海島（如東加和夏威夷）出現了。

如果要找出第一批城市和國家出現的首要原因，那一定是不斷增加的人口密度。最早一批城市和國家正是出現在人口密集的區域，人口的急劇增長往往是由灌溉農業的迅速擴張帶來的。人口密度的突然增長加劇了大型社群帶來的協調和管控問題，使專門領導者的需求大大上升。人口的快速增長也使領導者擁有的資源成倍增加。這解釋了為何最早的城市和最早的國家幾乎是在同一時間出現的。城市可以定義為「內部有複雜勞動分工的大型社區」。（與此不同，村莊甚至一些早期的城鎮，一般都只是由從事農業生產的類似家庭組成，其內部財富等級有限，也沒有嚴格的勞動分工。）國家可以定義為一方面依賴制度化、系統化的武力強制，另一方面依賴民眾許可的權力組織。

城市和國家只是一系列社會創新變革的一部分，這些變革都發生在農業生產高度發達的地區，與人類社會不斷擴大的規模和日趨複雜的結構密不可分。這些創新變革包括組織專業化團體（如官員、士兵、作家），強制徵稅，建造標誌性建築等。

非洲—歐亞大陸和美洲

由於農業的發展進步和城市國家的出現密不可分，當我們發現城市和國家出現的最早證據均源於農業傳統發達的地區時，就應當沒有絲毫驚奇。考古學證據顯示，最早的大到足以稱之為「城市」、強到足以稱之為「國家」的社群均來自於連接非洲和歐亞大陸的

在電子時代記錄新石器時代定居點

自一九九三年起，一個由考古學家組成的國際小組一直在位於今天土耳其境內的恰塔霍裕克(Catalhoyuk)古城進行挖掘工作，這實際是重啟了早在二十世紀六〇年代就在此地開始的考古挖掘。為了同步直播在恰塔霍裕克挖掘現場出土的九千多年前的歷史文物，團隊成員麗蓓嘉·戴利(Rebecca Daly)在他們的網站上進行部落格連載，以下是她在二〇〇四年七月二十八日更新的部落格內容。

貝里達今天開始挖掘羊羔的墓穴，這讓我倆十分激動，因為我們都懷疑裡面肯定有些意想不到的東西。現在出土的物品越來越多，人類遺骸實驗室正開足馬力，努力完成交辦的每一件事情。正當他們迎頭趕上時，更多的東西出現了！我們確認，貝里達現在發現了一件有趣的類似鳥骨一樣的東西，他和來自人類遺骸實驗室的洛麗都覺得這是一支笛子。這件東西的確就是笛子的造型，而且它的兩端都被削掉，這暗示人們可能會利用中空的內部做某種事情。我的期望值很高，貝里達看來真能找到有趣的物件。如果這件東西真是笛子之類的東西，那就太棒了，因為這可能是人類發現的最早的樂器。整個墓穴底部和上層均撒滿赭石，暗示著這是下葬過程中十分重要的一個環節。用整只羊羔做陪葬品，自然意味著這是具有重要意義的一座墓葬，而且證據顯示這座墓葬的主人下葬時還遵循嚴格的流程順序，這使我們的推斷更加可信。

來源：《恰塔霍裕克未解之謎》(2004)。2007 年4 月8 日。
來自：http://www.catalhoyuk.com/history.html

尼羅河谷至美索不達米亞的走廊地帶。早在西元前三千年之前的幾個世紀，世界上最早的一些國家就出現在位於美索不達米亞南部、考古學家稱之為「蘇美爾」的地區，以及尼羅河沿岸（即今天的埃及和蘇丹一帶）。考古證據顯示，在接下來的一千年裡，城市和國家又陸續出現在今天的巴基斯坦至印度河谷一帶和中國北方地區。

在美洲，我們也可以追蹤到類似的從村莊發展到城市、國家的模式，但能證明這兩種變化的證據出現得更晚。儘管早在西元前二千年，大型部落和強力領導者就已經出現在中美洲的奧爾梅克地區（Olmecs，墨西哥南部的海灣地區），但考古學家們仍舊相信，美洲第一批真正意義上的城市和國家出現在西元前一千年左右的瓦哈卡河谷（Oaxaca Valley）以及更南部的瑪雅文明的核心腹地。在安地斯地區也是如此，國家大小的社群，如莫切文化（The Moche Culture），出現在西元前一千年末期。

農耕文明

隨著人口增長以及物質、文化交流將更多的地區連接起來，早期國家形態開始從上述核心區域向周圍地區擴展，使財富和權力更加集中。隨著國家模式的不斷擴張，一些與其緊密相關的制度和實踐也逐步固定下來，我們稱之為「農耕文明」。無論直接還是間接，農耕文明的擴張都反映了不斷增長的人口密度和規模。城市不過是人類社群中規模最大、人口密度最高的罷了。而國家則是大型、強制性的權力組織，是管理並護衛城市規模的社區所必需的。當然，國家也依賴城市和內陸地區聚集的大量財富為其提供經濟上的支持。

使用武力募集財富的方式最初就是赤裸裸的掠奪，後來這種掠奪變得更加制度化，我們稱之為「徵稅」。管理大量財富需要新型的政權模式和財務制度。事實上，在所有新興國家，文字最早都是作為一種記載追蹤財富去向的技術出現的。甚至在沒有出現完整書寫系統的印加古國，統治者們也發明了一種類似結繩記事的系統進行財務管理。

護衛大量高度集中的財富並維持城市間及城邦（自治城邦包含城市及其附屬領地）間秩序需要軍隊的參與。在蘇美爾及其他地區，入侵的軍隊可能建立了第一批國家，且毋庸置

—— 進一步研究的主題 ——

貿易模式，古代美洲｜貿易模式，古代歐洲
貿易模式，古代中美洲

疑的是，這些國家都熱衷於參與戰爭。同樣，早期國家的統治者們也會參與那些有助於維持其統治權力的儀式性活動。他們會組織奢華展覽以炫耀財富，這其中常常包含用活人獻祭；他們會建造宮殿、寺廟和祭奠死者的紀念塔，如金字塔或廟塔（一種類似金字塔的寺廟建築，尖頂，外部有樓梯，頂層設有神壇）。這些設計複雜的建築旨在提升當地統治者、他們治下的城市以及他們膜拜的神靈的威望。

帝制國家

隨著時間推移，由於城邦之間貿易往來日益緊密並逐漸融合，國家規模不斷擴大。最終在獨裁者掌控的眾多城鎮區域內形成了帝國體制。阿卡德王國的薩爾貢（Sargon of Akkad，統治期約為西元前二三三四至前二二七九年）在美索不達米

思想實驗

在二十一世紀，肆無忌憚的炫富—豪宅、奇珍異寶，諸如此類—仍然是展示巨大財富的一種方式。你認為一百年後會怎樣展示財富？炫耀財富會不會招致不滿？或許我們應當通過贈送物品的方式來展示財富，正如美洲原住民的贈禮儀式那樣。畢竟，比爾．蓋茨正忙著贈送他們數十億美元的財產呢。（哇，真不少！）

亞的蘇美爾地區北部建立了可能是全球第一個的帝制國家。到西元前二千年中期，商朝（約西元前一七六六至前一〇四五年）已經在中國北方創建了帝國。這類國家變得越來越常見。隨著規模的擴大，他們通過地方統治者直接或間接地擴大了徵稅和管轄的區域。交通與通信條件的改善，譬如，西元前二千年非洲—歐亞大陸出現的輪式車輛，延伸了城邦及其官員和軍隊所能到達的範圍。

然而，帝國的影響力遠遠超越了其勢力範圍，因為商人將各國連為一體，構建了商業往來和文化交流的龐大網路。事實上，有專家說早在西元前二千年，連接中國和地中海的絲綢之路沿線貿易已經創造了泛歐亞的單一貿易體系。

儘管這些規模龐大、影響深遠的社群令人印象深刻，人們也應當牢記他們權勢的局限性。只要公民足額繳稅並在需要時承擔徭役，就沒有多少農業國家真正關心民眾生活。主要城市以外的法律與秩序常常交由地方統治者或貴族來維持。廣袤的疆土仍在帝國統治者的直接掌控之外。學者萊茵．塔格培拉（Rein Taagepera）估算西元前一千年早期，國家控制的領域不超過當今各國領土面積的百分之二。在此彈丸之地以外，是世界大多數人口居住之地，還有採集狩獵者、自耕農和牧民等更分散的小型社群。

雖然農耕文明常常將這些外邦群體視為野蠻人，但他們在提供創新源泉和聯繫農耕文明方面發揮了舉足輕重的作用。比如，歐亞大陸的草原牧民傳播了宗教理念和冶金文化，在中國、印度與地中海國家之間運輸了貨物。他們可能首創了農耕文明中的某些軍事和交通技術，例如輪式戰車。這段時期最具有創新意義的航海技術出現在西太平洋地區，那裡的拉皮塔民族利用巨大的雙重殼體獨木舟，於西元前三千年至西元前一千年間來到新幾內亞至斐濟、東加的大片區域內定居。

城邦在數量、規模及勢力上的長期增長，不僅反映了治國之道和戰爭方面的創新，也反映了整個農耕時代持續的人口增長。我們的統計資料含糊不清，精準性欠佳，但至少從長遠來看，農耕地區的人口增長比其他地方更快。當然，這些地區的人口增長速度並沒有農耕時代早期快。

尤其在城市中，衛生條件惡劣，空氣差，水質污濁，人口死亡率相當高。儘管城市有更好的機遇，但相對於鄉村來說，更容易使人喪命。人口增長也因為週期性人口萎縮而減緩。疾病蔓延至缺乏免疫力的人口居住區是造成這種萎縮的部分原因，對土地資源的過度開發破壞了整個文明的生產基礎也是原因之一。臨近西元前三千年末期，美索不達米亞南部地區的人口驟降，很可能就是由於過度灌溉造成的，因為這會使土壤鹽分過高，造成農作物產量減少。考古學家能通過大麥這種相比小麥抗鹽性更強的穀物的日漸廣泛的使用，來追溯西元前二千年晚期的土壤鹽漬化過程。

—農業、城市與帝國—
西元前五百至一〇〇〇年

在西元前五百年至一千年這一段時間裡，多數始於公元前三千年之後的長期趨勢都得以延續。隨著世界各國人口增多（儘管這個時間段的中期進展緩慢），國家勢力、規模和數量不斷增長，切換式網路的範圍也日益擴大。隨著農業發展，城市乃至國家出現在曾屬於偏遠地區的歐洲西北部、撒哈拉以南的非洲、南印度及中國南方。農耕文明逐漸侵入採集狩獵者、自耕農和牧民聚居區。南北美洲也經歷了類似的進程，只不過時間上滯後了近二千年。

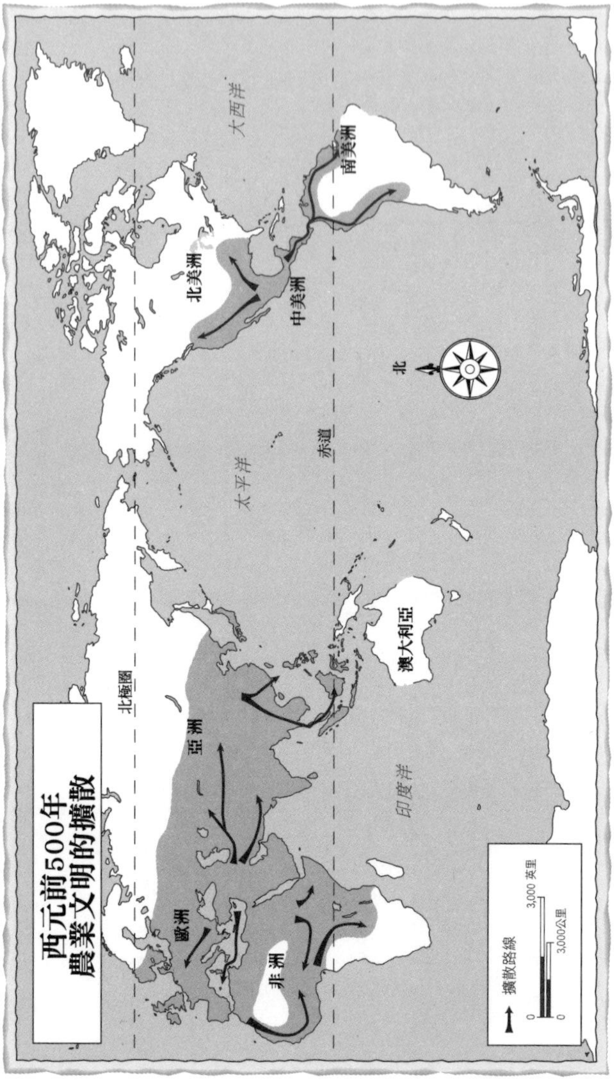
西元前500年
農業文明的擴散
北極圈
赤道
大西洋
太平洋
印度洋
北美洲
中美洲
南美洲
歐洲
亞洲
非洲
澳大利亞
北
擴散路線
0
3,000 英里
0
3,000公里

創建於西元前六世紀的波斯（現稱伊朗）阿契美尼德王朝，標誌著國家勢力的顯著擴張。因為該王朝掌控的區域達到其過往朝代最大疆域面積的五倍。在此後的一千五百年時間裡，類似規模的帝國被稱為標準的帝國，其中包括中國的漢朝（西元前二〇二至二二〇年），地中海的羅馬帝國（公元前二七至三九五年），以及印度的孔雀王朝（約西元前三二四至前一八八年）。阿拔斯王朝從七四九／七五〇年開始統治波斯和美索不達米亞的大部分地區（最終在一二五八年崩潰），控制區域略大於阿契美尼德王朝的面積。帝國間的交往也非常頻繁。居魯士二世，阿契美尼德帝國的開創者，曾在西元前六世紀，侵略過現在中亞的局部地區。當中國的漢武帝四百年後再次侵入相同地區時，地中海沿岸國家與東亞農耕文明之間的交流變得更加緊密，他們將整個歐亞大陸融合成世界上最大的貿易體系。

不斷延伸的政治、商業和知識交流網路可以詮釋這一時代另一重大發展：遍佈全球各地的宗教傳統的湧現，成為最初的世界宗教。早期的宗教傳統通常要求特定社會或地區群體的效忠，而世界宗教宣稱表達普遍真理並代表全能神靈，這反映了帝國規模的不斷擴大以及調和廣大區域內不同民族信仰的需求。

第一個世界宗教很可能是拜火教，其創始人可能來自公元前六世紀的中亞，大致是居魯士二世創建阿契美尼德帝國的時期。而在印度經歷了快速城鎮化和疆域擴張期之後不久，佛教誕生於印度北部。佛教在西元一〇〇〇年初期出現重要發展，這段時期它開始傳播到中亞、中國及東南亞。基督教的影響力在羅馬帝國時期擴大，直至西元四世紀，在君士坦丁大帝統治下成為官方宗教。

佛教和基督教都成功傳播到中亞並最終傳入中國，但只有佛教對中華文明產生了重大影響。創始於西元七世紀亞洲西南部的伊斯蘭教取得了更大的成功。它傳播到北非、中亞、南亞和東南亞地區，最初的傳播者是征戰的軍隊，隨後又被穆斯林傳教士和名為「蘇菲派」的信徒傳播至其他地方。帶來第一批世界宗教的社會力量同樣也激勵了哲學和科學雛形的誕生，這是人們對現實進行總結概括的早期嘗試。儘管通常與古希臘時期的哲學和科學傳統密切相關，這些理念也能在美索不達米亞地區的天文和數學傳統以及印度北部和中國的哲學傳統中得到體現。

進一步研究的主題

佛教｜羅馬天主教｜基督教
儒家思想｜印度教｜伊斯蘭教
猶太教｜摩尼教｜拜火教

美洲

在南北美洲，政治體制也在規模、軍事實力、文化和商業範圍等方面獲得縱深發展。在西元後第一個千年裡，複雜的城邦體制與初創的帝國出現在中美洲。處於鼎盛時期的墨西哥特奧蒂瓦坎城（Teotihuacan），擁有逾十萬人口，控制著跨越中美洲大部分地區的貿易網路。但我們不確定該城市是否直接控制其他城市乃至國家。再向南，瑪雅文明由大量的區域國家構成，其中一些國家至少短時間控制過他們的鄰國。然而在西元五〇〇年至一〇〇〇年期間，這兩種強大的體系均走向崩潰。正如西元前二千年至西元前一千年初期的美索不達米亞平原南部地區，這種的體系崩潰可能歸咎於土地資源的

思想實驗

基督教、佛教和伊斯蘭教是世界上最重要的三大宗教。但迄今為止，美國一直盛行基督教。你在自己的社區見到過更多的佛教和伊斯蘭教信徒嗎？如果沒有，請線上搜索片語「佛教寺廟」或「清真寺」，並添加你所居住的城鎮或城市名，你可能會對搜索結果大吃一驚。眾多族群已經設法進入了美國主流社會，但這些群體中的大多數人信奉起源於猶太—基督教的神學教義和傳統。對於其他宗教，如佛教和伊斯蘭教來說，要被二十一世紀的美國主流社會所接受，是否還需要更多時間？

過度開發。

但是，就如同蘇美爾的政治傳統最終被巴比倫和亞述採納一樣，中美洲的特奧蒂瓦坎城和瑪雅人的政治傳統為農耕時代下一時期更強大的帝國奠定了文化基礎。在安地斯山脈地區，城市和國家也開始出現。第一個可能是秘魯北部的莫切王國，它在公元第一個千年期間興盛了近八百年。與特奧蒂瓦坎城一樣，莫希王國也影響了一大片區域，儘管我們無法確定該國對其他城市和國家具有多大的直接政治影響力。西元五〇〇年至一〇〇〇年間，類似的國家實體也出現在更加偏南，即當今秘魯和玻利維亞交界處的的喀喀湖附近的陸地區域。

其他地區的擴張

在農耕文明以外的地帶，人口增長也產生了新的階層結構。在歐亞大陸人煙稀少的草原地帶，遊牧部落開始組成大型的移動聯盟，劫掠鄰近的農業地區並徵稅。在中亞蒙古地區，匈奴人於西元前二世紀創立了一個大帝國。西元六世紀，突厥強國出現，鼎盛時期的突厥國疆域從蒙古地區延伸至黑海。在太平洋沿線，來自斐濟附近的島嶼移民開始定居在波利尼西亞群島，零散地分佈於太平洋中東部區域。夏威夷島與遙遠的復活節島直到西元六〇〇年才有人移居，而紐西蘭更是在西元一〇〇〇年後的某段時間才有人居住，大概是波利尼西亞群島中最後一塊定居地。波利尼西亞群島上居住著農耕民族，包括東加和夏威夷在內的部分區域，人口增長為權力階層的誕生創造了先決條件。

最後，連農業文明很少影響到的地區也發生了巨大變化。在北美洲，隨著玉米栽培技術緩慢向北推廣，大量的農業或半農業社會群落開始形成，比如著名的「阿納薩齊人」(Anasazi)或者「古普韋布洛人」(Ancient Pueblo People，分佈於科羅拉多高原，即今亞利桑那州、新墨西哥州、柯洛拉多州和猶他州的交匯處)。在北美洲東部地區，農耕社群出現在諸如俄亥俄河谷這類區域，人們在這裡栽培向日葵等本地植物。甚至連澳大利亞的採集狩獵部落也強化生產，開始在人口稠密地區定居，尤其是在海岸線上。

進一步研究的主題

安地斯國家｜亞述帝國｜拜占庭帝國
中國｜中美洲｜密西西比文化
波斯帝國｜羅馬帝國｜草原聯盟
突厥帝國｜

維吉尼亞早期英國移民所描繪的十六世紀美洲原住民農莊。

現代革命前夕的農業社會

一〇〇〇至一七五〇年

農耕時代的最後一個階段，即從一〇〇〇年至一七五〇年，前期的歷史趨勢得以延續，但是根本性的變化也暗示著現代化社會變革即將到來。

農耕文明傳播到以往邊緣化的區域，例如北美洲、非洲南部、中國西部地區。遷移的農民通常在都市商人和政府的積極支持下移居到新地域。儘管歐亞大部分地區十四世紀遭遇黑死病（腺鼠疫），美洲十六世紀遭遇歐洲帶來的疾病（如天花），導致人口急劇下降，但世界人口總數仍維持增長態勢。美洲地區十六世紀的經濟崩潰和人口驟降帶來了災難性後果，美洲原住民人口可能在哥倫布之後的十六世紀下降了約百分之五十到九十。但從長遠來看，隨著歐亞大陸移民者的到來、牲畜和作物新品種的引進以及後續耕地面積的擴充，人口數量得以彌補。在農業、武器、運輸（尤其是海運）和工業領域，連續的穩定創新舉措通過平穩地提升平均生產率和鞏固國家政權，維繫了經濟增長態勢。據經濟學家安格斯．麥迪森（Angus Maddison）估算，世界國內生產總值（商品及服務總產值，

GWP)從一〇〇〇年的一千二百億美元左右(以一九九〇年的國際貨幣測算)上升至一八二〇年的近七千億美元。

全球網路的誕生

這一時期最為重要的變化就是世界主要地區在十六世紀實現了統一。在此基礎上，第一個全球切換式網路誕生了。它將數千年來從未來往過的地區聯繫在一起，形成商業和知識協同，為現代世界的興起發揮了至關重要的作用。

對於非洲—歐亞大陸來說，剛剛過去的一千年，最顯著的特點就是日漸廣泛而密切的國際交往。維京掠奪者和商人的足跡遍佈中亞、地中海、西歐海岸沿線乃至遙遠的冰島和格陵蘭島。西元一〇〇〇年，他們甚至

思想實驗

雖然大規模流行病，如黑死病和天花，重創了當時的世界人口，但是我們正在經歷人類歷史上最嚴重的流行性疾病危機。這是由什麼疾病造成的呢？你注意到它的存在了嗎？僅在一九八一 年至二〇〇一年期間，愛滋病(獲得性免疫缺陷綜合症)病毒的致死率已超越人類史上所有其他疾病。儘管世界各地都有經濟、社會和醫療方案來治療和控制愛滋病，但該流行病仍然遠遠沒有結束。愛滋病在我們有生之年被攻克的概率有多大呢？

在加拿大的紐芬蘭島建立了短期的殖民地。十三世紀早期蒙古大規模的征戰，締造了從中國東北延伸到地中海的廣袤區域內的相對和平。同時，在他們的保護下，絲綢之路的商隊路線從十三世紀晚期到十四世紀早期獲得蓬勃發展。海上航線同樣活躍，從地中海經南亞和東南亞到中國進行貨物互換，業已成為常規路線。十五世紀早期，明朝皇帝派遣龐大的中國船隊，由回族將領鄭和統率，連續幾次航行至西方，其中部分航程到達亞洲西南部的阿拉伯半島及非洲東部地區。

進一步研究的主題

阿茲特克帝國｜歐洲擴張｜伊斯蘭世界
蒙古帝國｜奧斯曼帝國｜
中國海域貿易模式｜印度洋貿易模式
地中海貿易模式｜太平洋貿易模式
跨撒哈拉貿易模式｜維京社會

地處歐亞核心地帶的波斯和中亞地區的控制權，在十一世紀晚期先由阿拔斯王朝這一伊斯蘭帝國掌握，隨後被蒙古人據為己有，這促進了技術、商品以及宗教文化傳統在歐亞大陸範圍內的廣泛交流。在美洲大陸，談到第一批帝制國家的湧現，最成功、最著名的案例當數建立在墨西哥特諾奇蒂特（Tenochtitlan）基礎上的阿茲特克帝國，以及建立在秘魯庫斯科城基礎之上的印加帝國。它們是最初的美洲政體（政治組織），其職能是對大面積區域實施政治和軍事管控。

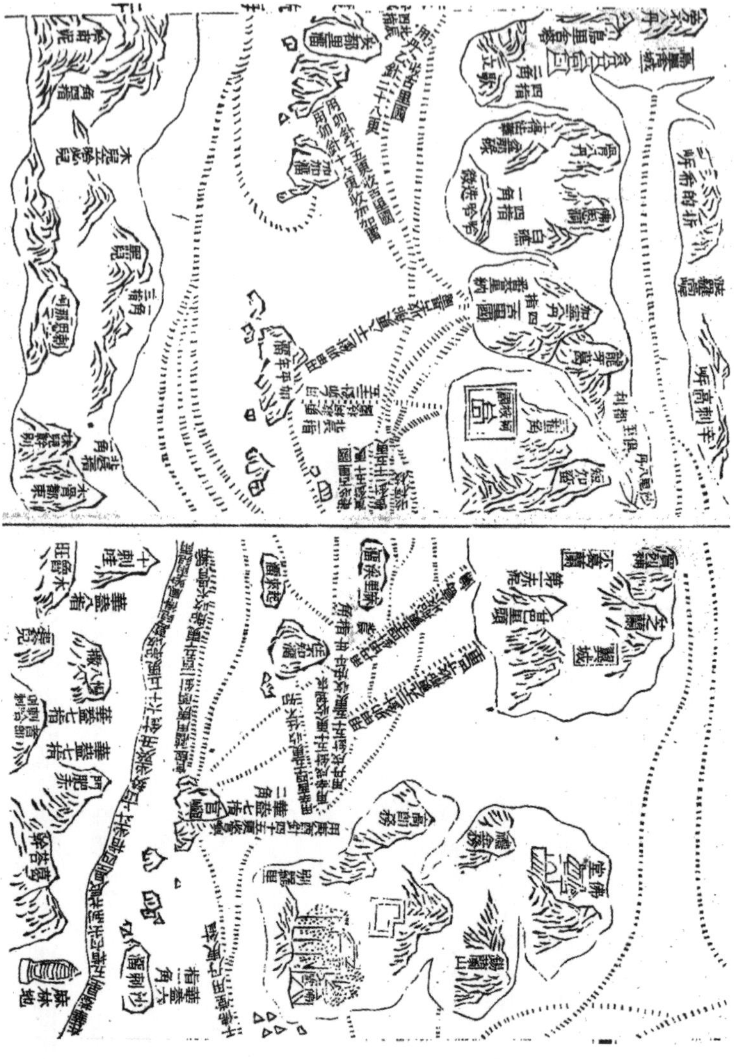

《鄭和航海圖》（又名《自寶船廠開船從龍江關出水直抵外國著番圖》），出自明茅元儀編《武備志》。

然而，小型的高度商業化的西歐非帝制國家，最終通過建立全球海上運輸網路將零碎的世界農耕地區連接起來。西元第一個千年內，第一批國家在西歐建立，因為這片區域已被併入羅馬帝國的商業和文化圈。西元九世紀，查理曼大帝和他的繼任者試圖在西歐重建羅馬帝國。他們的失敗嘗試正好說明歐洲是一個中型國家競爭激烈的地區。由於這類國家相比大型帝國，如阿拔斯王朝或唐朝（六一八至九〇七）而言，課稅基礎更加有限，他們必須尋找替代性收入來源（包括貿易收入）以便在惡性戰爭中生存，這已成為地區準則。

無怪乎掠奪成性、窮兵黷武的貿易國傳統就此形成。歐洲國家因受阻於地中海東部，希望尋求新管道爭奪南亞和東亞的廣大市場。其探索過程得到歐洲各國政府的強力支持，最終在此種鼓勵下，由葡萄牙人帶領歐洲商隊駕駛小巧靈活且全副武裝的艦船完成了環球航行。歐洲國家通過介入東南亞龐大貿易體系所侵佔的利潤，以及通過征服中南美洲的幾大文明所獲取的更加可觀的收益，相比起初投入的金錢和資源而言，其回報則不知高出幾許。

全球貿易網路的衝擊

美洲和歐洲是最先在新全球貿易體系下經歷深刻變革的地區。在歐亞大陸東部，歐洲國家的侵襲影響力有限，僅僅維持了一個世紀多一點。葡萄牙和西班牙軍艦，以及一百年後接踵而至的荷蘭和英國艦船，佔領了重要的貿易口岸，干預當地貿易，尤其是香料貿易，但他們對區域的主要政治體影響很小。在南北美洲，歐洲的新型武器、傳統政治與經濟結構的解體，外加也許是最重要的一環，即歐亞病原體諸如天花病毒的作用，擊垮了阿茲特克帝國和印加帝國，讓西班牙政府攫取了

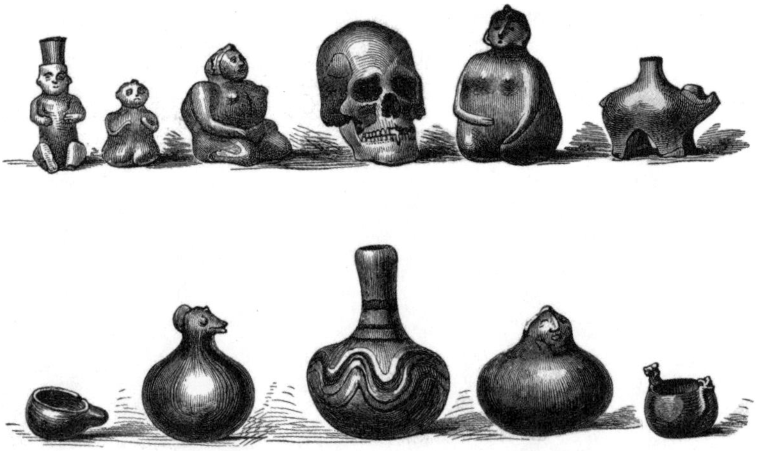

在農耕時代位於東南密蘇里的農民墳堆找到的喪葬用品。

貿易貨物和貴金屬等意外橫財，也為橫跨大西洋的第一個帝國提供了資助。正如我們所見，歐洲疾病在美洲的毀滅性極強，因為大多數本地人對這些已經在非洲—歐亞大陸蔓延數百年的疾病缺乏免疫力。

控制全球貿易網路為歐洲國家帶來了巨大的商業財富，同時也帶來了大量嶄新的關於地理、自然世界以及其他社會習俗的信息。這些讓歐洲知識份子觸手可及的新資訊洪流，對於打破常規、催生質疑和創新性思維方式發揮了關鍵作用，這與所謂的科學革命緊密相關。歐洲思想家在受到新知識洪流的衝擊後，脫離了舊觀念的束縛，不得不對萬事萬物重新審視，並不斷試驗新的觀念。

世界上沒有哪個地區完全免受首個全球貿易體系的影響。南北美洲與非洲—歐亞大陸間的貨物交換，刺激了後者整個地區的人口增長。隨著玉米、木薯與馬鈴薯這類農作物傳播到中國、歐洲與非洲，它們在這些地方要麼增補了現有的作物種類，要麼使得人們得以開墾不適宜其他作物生長的土地。美洲大量的白銀資源極大地促進了國際貿易，尤其在十六世紀七〇年代以後，因為中國政府逐漸要求以白銀支付稅款，這樣，白銀不斷流入這個仍是全球最大的單一經濟體。新型癮品如煙草與古柯葉首次出現在非洲—歐亞消費市場，而像茶葉這類傳統癮品，流通範圍則變得更加廣泛，從而刺激了從伊斯坦堡到墨西哥城的廣大城市消費者的需求。

或許最重要的是，歐洲在全球貿易網路中的地位發生了轉變。如果將世界劃分為分散的區域，歐洲可能僅僅是非洲—歐亞大陸的一個邊緣地帶。歐亞貿易網路的中樞位於地處中東地區的波斯和美索不達米亞平原。在這個誕生於十六世紀的全球一體化體系中，歐洲國家認為他們處於一個空前龐大且最具活力的貿易網路的中心。流動在這些網路上的巨大財富流和資訊流將改寫歐洲以及大西洋地區在世界史中的作用和意義，最終還將改變整個世界。

世界史中的農耕時代

農業技術的引進提高了生產力，增加了人口數量，並激發了創新。這些進步解釋了為何農耕時代比採集狩獵時代的變化更加迅速。然而，更龐大、更密集的社群帶來了新的問題，要通過形成龐大的、稱之為「國家」「帝國」和「文明」的結構層次才能得到解決。隨著家族和家庭成員發覺他們融入了國家、區域和市場，並受其中力量的制約，人類社群的性質在這些結構層次中發生了改變。更大區域和更多社群之間的技術交流和商品交換促進了農耕技術、通信技術、資訊存儲技術及戰爭武器方面的許多細微進展。儘管創新速度比採集狩獵時代快得多，但仍跟不上人口增長的步伐。這也正可以解釋為何以更小的尺度來看，對大多數統治者及其臣民而言，農耕時代典型的變化節奏是循環性、週期性的。

近代世界建立在農耕時代的人口、資源與資訊緩慢積累的基礎上，但創新速度的大幅提升，為人類生活方式的另一種根本性變革創造了條件，因而具有劃時代的意義。

THIS FLEETING WORLD

我們的世界

近|現|代

4

A SHORT HISTORY OF HUMANITY

在人類史的三個主要時代中，近現代是最短暫但也最為動盪不安的時代。採集狩獵時代的持續時間超過二十萬年，農耕時代持續了大約一萬年，而近現代僅僅維持了二百五十年。這個短暫時代的變革也比以往更為迅速和徹底。事實上，這一時期人口的快速增長，導致人類歷史中人口總和的百分之二十都生活在這兩個半世紀。近現代在上述三個時代中的互聯性最高。相比過往新觀念和新科技需要數千年才能傳遍全球，如今來自五大洲的人們能夠輕鬆地交流，如同大家生活在一個地球村。歷史已經成為名副其實的世界史。

……

現在我們假設近現代始於一七五〇年左右。它深深紮根於農耕時代，然而我們有充分理由認為其起始時間為一五〇〇年，甚至更早。確定近現代的起止時間十分棘手，有些學者認為近現代結束於二十世紀，我們現在生活在與「近現代」時期截然不同的「後現代」時期。近現代的許多特徵延續至今，還會在將來一段時期繼續存在。因此，將我們所處的時代視為近現代的一部分更加合理。這就意味著，我們無法知道近現代結束的確切時間，也無法如願以償地看清它的總體輪廓。

無法將近現代作為整體來對待，讓我們難以明確其主要特徵，也說明了我們刻意使用「近現代」這一模糊稱謂是有道理的。目前人們劃分近現代的要素（定義特徵）似乎是創新速度的不斷加快。新技術增強了人類對自然資源的掌控力，並且促進了人口的迅速增長。技術變革和人口變化反過來改變了生活方式、文化和宗教傳統、醫療和人口老齡化模式，以及社會和政治關係。

近現代向世界歷史學家提出了鮮明的挑戰。我們距離近現代太近，無法清楚客觀地加以審視；我們掌握的資訊量太大，難以從細節中分辨出趨勢；變化比以往更加頻繁，且遍佈全球各地。接下來，應該嘗試在世界歷史學家廣泛認同的基礎上形成連貫的概述。

近現代的主要特徵和趨勢

近現代歷史上首次出現了大量統計資料，讓人們第一次能夠量化眾多顯著的變遷。

人口增長和生產力的提高

儘管在二十世紀晚期，人口增長速度放緩，近現代仍是人口增長最快的時期。一七五〇年至二〇〇〇年間，世界人口從七億七千萬左右增加到近六十億，在二百五十年裡數量增長近八倍。這種增長態勢相當於每年人口增長千分之八，大約每八十五年人口會翻倍。（相比而言，農耕時代人口翻倍時間估計為一千四百年，採集狩獵時代的翻倍時間長達八千年至九千年。）勞動生產力空前提高讓人口數量增長至八倍成為可能。根據經濟學家安格斯·麥迪森的估算，世界國內生產總值在一七〇〇年至二〇〇〇年間增長了九十倍以上，連人均生產量也提高了九倍。

勞動生產力的驚人提高，是近現代史上所有最重大變化的原因所在。生產力提高的部分原因是新技術的發現和推廣。例如在農業領域，得益於輪作技術的改善、灌溉技術的加強、人工肥料和殺蟲劑的廣泛應用，糧食產量與人口數量並駕齊驅。其他原因還包括人類學會開發利用新能源。採集狩獵時代，人平均每天可以支配三千多大卡的能量，僅夠維持人體的合理健康狀態。農耕時代，每人平均每天可以支配一萬二千大卡的能量，當時最強勁的可用動力是家畜或風力船。到了近現代，人類已經學會從煤、石油和天然氣等化石燃料中提取能源，甚至利用存儲在原子核中的能量。如今，平均每人每天可以支配二十三萬大卡的能量，這一數據是農耕時代的二十倍。（相當於每天吃近一千塊糖獲取的能量！）飛機、火箭與核能的時代取代了馬、牛與柴火的時代。

思想實驗

二〇〇一年九月十一日的恐怖襲擊對未來五十年的影響有多大？這會不會成為世界歷史上另一個轉捩點？或許是新一輪全球性衝突的開端？或者，更樂觀地看，這會不會成為將我們從殘酷世界衝突中解放出來的一個轉捩點？你怎麼看待？你希望怎樣？

城鎮擴展

人口增長帶動了人類社區平均規模的擴大。在一五〇〇年，全球只有約五十個城市的居民人口超過十萬，還沒有居民人口超過一百萬的城市。到二〇〇〇年，數千個城市的居民人口超過十萬，約四一一個城市居民人口超過一百萬，其中四十一個城市人口超過五百萬。（二〇〇七年，中國上海的人口數量估計達到一五五〇萬左右。）農耕時代，大多數人勞動、生活在鄉村；到了二十世紀末期，近百分之五十的世界人口生活在五千人以上的社區。村落數量的急速下降標誌著世界上大多數人生活方式的根本改變。與農耕時代一樣，隨著社區規模的日益擴大，人們的生活方式發生了轉變，首先是雇傭模式的變化。在農耕世界中，大多數人是小農；如今，大部分人依靠不同職業賺取薪水養活自己。

交通和通信領域的創新改變了社群與地區間的關係。十九世紀以前，人們的旅行速度快不過馬蹄（或快速帆船）。傑弗遜總統在一八〇九年離任時，還曾騎馬回維吉尼亞老家蒙蒂塞洛的莊園。傳遞書信最快捷的方式是使用依靠國家資助的驛馬快遞系統。而如今資訊即刻就能傳遍全球，易腐物品在幾小時或者數天內就可以從世界一端運輸到另一端。

·一五〇〇年的世界十大城市·

以下是追溯至一五〇〇年，人口最為稠密的城市排名情況和人口數量。在約五百年後，依然有兩個城市保留在這份十大城市名單中，儘管人口數量已經截然不同，它們分別是北京(八七〇萬)與伊斯坦堡(八八〇萬)。

1 中國北京	六十七萬二千人
2 印度勝利城*	一百五十萬人
3 埃及開羅	四十萬人
4 中國杭州	二十五萬人
5 伊朗大不利茲	二十五萬人
6 土耳其君士坦丁堡(伊斯坦堡舊稱)	二十萬人
7 印度高爾	二十萬人
8 法國巴黎	十八萬五千人
9 中國廣州	十五萬人
10 中國南京	十四萬七千人

來源:Chandler,T.(1987). Four thousand years of urban growth: An historical Census by Tertius Chandle r. Lampeter,UK:St.David' s University Press.

*勝利城(Vijayanagar, 又譯維查耶那加爾)，印度古城名，十四世紀中葉，維查耶那加爾王國興起後建都於此。

·近現代的主要特徵和趨勢·

人口迅速增長
技術創新
生產力大幅提升
對化石和其他能源的開發利用
大型社區
官僚機構
民族主義
平均壽命延長
婦女發揮更多作用
商業化
全球網路
採集狩獵和農耕生活方式的毀滅

日益複雜和強大的政府

隨著人口的增長及人們之間互相聯繫的加強，更加複雜的管理方式勢在必行，這是政府體制變革的原因。前現代的政府樂於關注戰爭和稅務，讓他們的民眾幾乎毫無拘束地自由謀生；但現代國家面臨的管理任務更加錯綜複雜，需要花費更多的精力調節和管控管轄範圍內民眾的生活。現代國家龐大的官僚機構是現代革命最重要的產物之一。民主政體也是一樣，它讓政府機構能夠及時調整政策，更加貼近其統治的廣大群體的需求和能力。民族主義這種公民對政府在情感和理智上的密切認同，是政府與其統治下的民眾之間新型關係的另一個產物。

民主和民族主義的發展表明現代政府越來越不願意依靠武力實現自身意願，相比農耕時代的統治者，現代政府更多地使用行政和強制權力。農耕時代的政府從未嘗試掌控子民的出生、死亡與收入資料，或是實施義務教育，而現代政府將這些重任作為日常事務對待。現代國家甚至能比農耕時代最大的帝國更有效和更大規模地使用暴力。十八世紀的大炮可以摧毀一座房屋或殺死一群士兵；現代核武器則可以毀滅整個城市，傷亡數百萬人，多種核武器一起使用可以在數小時之內終結人類歷史。

權力在本質上的一個微妙變化，在於現代國家日益依賴於商業和經濟上的成就而不是生硬的高壓政治。他們的權力很大程度上取決於其勢力範圍內社會的經濟生產力水準，以至於現代政府必須充當有效的經濟管理者。更多民主政府體制的建立、奴隸制重要性的降低、二十世紀歐洲帝國的終結、一九九一年蘇聯計劃經濟的崩潰，以及一九九〇年和一九九一年南非種族隔離制度的廢除，均反映出當權者越來越意識到：熟練的經濟管理方式比農耕時代典型的粗暴的、具有強迫性的統治策略，更能有效地提高生產力水準。

日益增大的貧富差距

雖然財富積累速度空前加快，國家內部及國家之間的貧富差距卻在加大。安格斯·麥迪森的估算結果顯示，一八二〇年美國人均國內生產總值大約是非洲國家人均值的三倍；截至一九九八年，這項比率上升至近二十倍。但是，現代技術產生的部分效益得到了更廣泛的分享。糧食生產供應情況和衛生條件的改善、疾病知識的增長、疫苗接種（十九世紀）和抗生素（二十世紀）的推廣使用，可以幫助我們深入地理解以下事實：人類歷史上首次將嬰幼兒期死亡率控制在如此低的水準，以致人類平均期望壽命翻了一倍還多，從一八二〇年的約二十六歲上升到二十世紀末的六十六歲左右。這些成果雖未普及，但世界各地都能感受到它們的影響。

女性享有更多機遇

世界許多地區已經重構了男女之間的關係。新能源淡化了雇傭關係裡體力的重要性；新式避孕方法賦予男女在生育上更多的選擇權；新技術，如用奶瓶餵養，允許父母更輕鬆地分擔照料嬰兒的重任。嬰兒死亡率降低和新型社會化養老，減輕了為了養老而生育多個子女的壓力。最後，城市化和商業化程程為女性和男性創造了更多的就業機會。婦女與傳統的育兒者的角色不再緊密相關，這在工業化最發達的地區表現尤為明顯。不過，性別不平等觀念即使在深受現代革命影響的社會中依然存在。即便是在美國和西歐國家，女性的平均薪資水準都落後於男性。據美國勞工部統計，「在一九九二年接受計時工資的工人中，女性的時薪中位數僅占男性時薪中位數的百分之七十九．四；在全職藍領和工薪族中，女性週薪中位數占男性週薪中位數的百分之七十五．四；一九九二年女性年薪中位數占男性年薪中位數的百分之七十．六，這是可獲得的最近年份的統計資料」。

前現代生活方式的消亡

現代革命最終摧毀了前現代生活方式。直至二十世紀，獨立的採集狩獵部落仍存在於世界各地。但二十世紀末期，採集狩獵者無一生活在現代國家之外，他們的生活方式發生了轉變，因為他們被強行帶進了現代世界。農業耕作，這一貫穿農耕時代大多數人類成員的生活方式逐漸走向沒落，因為小型農戶無法與大型機械化生產的農場或工業化程度較高國家的商業化農戶競爭。二十世紀末，世界大部分地區的農業耕作方式已經消失。即便是在其倖存地如東亞和非洲的大部分地區以及拉丁美洲的大部分地區，這種方式也正在衰落。這些變化趨勢標誌著形成於人類歷史早期並隨後盛行的傳統、文化和生活方式的終結。

解釋現代革命

導致這些重大變化的關鍵原因是創新加速帶來的人類勞動生產力的陡升。所以，要闡釋現代化，我們有必要解釋創新速度為何在近現代期間飆升。迄今為止還沒有普遍認可的現代革命的起因，或者準確點說，人類歷史創新的總體原因。但是，人們就某些較為重要的誘因達成了廣泛共識。

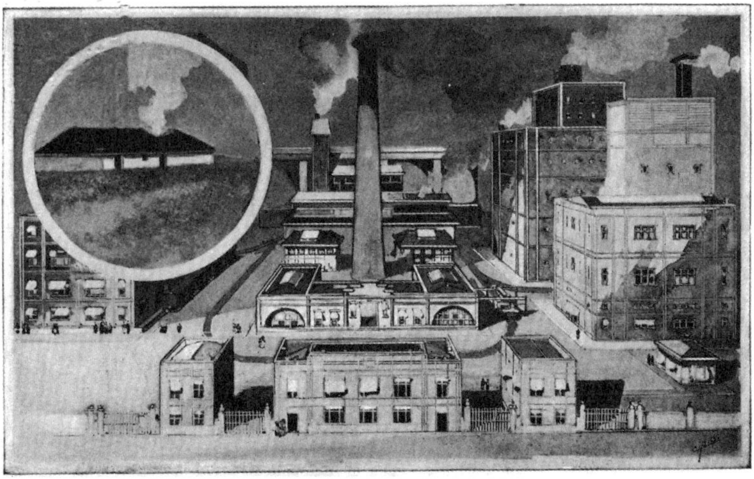

二十世紀早期工業化的蒸餾工廠。請對照圓圈內的傳統愛爾蘭工廠。

農耕時代累積的變革

第一，現代革命明顯建立在農耕時代累積的變革的根基之上。數千年的緩慢發展為農業和水資源管理、戰爭、採礦、金屬工藝、交通與通信領域帶來了遞增式的技術改進。交通與通信領域的技術改進——例如操控性更強的艦船和活字印刷術的推廣——具有特殊的重要性，因為它們擴大了交流範圍，並且確保新技術、新產品和新理念更自由地傳播。徵兵或徵稅這種大規模人力組織的方式在農耕時代也有進步。這些技術和組織方面的緩慢變化，在全球市場規模和領域穩步擴張的背景下，成為近現代更加迅猛變化的跳板，不過其發生方式至今尚未完全明晰。農耕時代的最後幾百年間，變革的進程已經開始加速。一〇〇〇年至一八二〇年間，世界國內生產總值呈近六倍的增長態勢，而在之前的一千年裡，幾乎毫無增勢可言。

第二，大多數歷史學家認同現代革命與更多商業社會的興起有關。從英國經濟學家亞當・斯密開始，經濟學家一直主張創新和商業活動存在緊密聯繫。亞當・斯密認為，大市場允許專業化分工的加強，這必將促進高效生產力的發展。同樣重要的是，競爭型市場中參與買賣的企業家所面臨的，是農耕時代的地主與政府通常可以避免的競爭方式。為維持生存，企業家不得不依靠生產並銷售廉價商品以削弱競爭對手。這樣做意味著貿易和生產要達到最高效率，通常也意味著尋求並引進最新技術。隨著商品交換的擴散，雇傭工人的數量也在增加，即那些依靠自身勞動力進入市場的人。由於他們相互之間競爭上崗，雇傭工人也不得不擔憂新進的廉價勞動力及其生產效率。

正因為如此，發生在農耕時代的緩慢的社會商業化進程，很可能通過激發創新提高了生產力。隨著企業家和工薪階層財富、影響力及人數的增加，他們所生活的社會對待創新的態度愈發開放，並且更容易接納創新。

統一性全球網路的發展

第三，從十六世紀開始，世界區域聯繫為統一性全球網絡，強烈地刺激了商業發展和技術創新。在短暫的一百年內，商品交換和思想交流的規模幾乎翻倍，大量新商品和新思想進入世界流通領域。玉米、糖、白銀、咖啡、棉花、煙草、馬鈴薯以及隨之而來的生產及商業專業知識不再局限在特定區域，而是傳播到世界各地，甚至連人口販賣也走向國際化。十六世紀以前，最活躍的奴隸販子在伊斯蘭世界從事販賣交易，他們手中的大部分奴隸來自於北方的斯拉夫民族或突厥族。從十六世紀起，歐洲奴隸販子開始捕獲和購買非洲奴隸，並將他們用船運至美洲種植園。不管好壞，這類全球性貿易畢竟推動了世界商業的普遍發展。

西歐崛起，成為全球樞紐

儘管變化如疾風驟雨，但是並沒有立刻改變整個世界，不同地區接受改變的先後順序對近現代歷史進程產生了深遠的影響，這個事實便是引發現代革命的第四個誘因。西歐國家在農耕時代處於大貿易體系的邊緣地帶，在十六世紀建立的全球貿易網路中卻處於核心區域，這是因為他們掌控著將世界聯繫為一體的遠洋艦隊。相比其他地區，西歐具備更好的地理優勢，便於從新興的全球交易系統的龐大的商品流和思想流中獲得好處。歐洲科學革命在一定程度上是歐洲與世界其他地區加強聯繫後，對源源不斷湧入的新思潮作出的回應。對新思想、新作物、新宗教和新商品等的認知削弱了傳統行為、宇宙論和信仰的基礎，並且尖銳地提出了應該怎樣對世界認知去偽存真的問題。活字印刷術的革新與推廣確保了新資訊在歐洲更加順暢地傳播。

與此同時，歐洲國家身處幾乎連年戰亂的境況中，迫切需要擴大資金來源。因此，他們熱衷於利用全球經濟體系中存在的商業機遇。為達到目標，他們的手段之一是掠奪美洲資源，利用美洲的商品，如白銀，換取進入世界最大市場南亞及東亞的通道。歐洲內部不斷增長的商品交換和知識交流創造了開放的創新環境，因為創新者可以利用全世界的知識和商業資源。西歐在現代革命初期階段的領先地位，讓它和北美地區在近現代史上留下了獨特的烙印，並取得了持續至今近二百年的全球霸權地位。憑藉歐洲的首要地位，英語，而並非波斯語或漢語，成為現代外交和商務領域的通用語言；在聯合國工作也需要穿西裝打領帶，而不是身穿土耳其長衫。

其他因素

第五，更特殊的因素必須深入到闡釋現代革命的所有細節中。歐洲國家特有的商業化性質無疑有助於解釋他們為何善於接受創新，但是地理因素，如氣候變化以及英國等歐洲西北部國家和地區存在的大型且易採的煤礦層，也可能造就了歐洲在現代革命中的天時地利因素。

思想實驗

世界不同國家常常擁有不同的實力和重要性。想像一七八九年的世界情形。中國很可能是世界上人口最多、最為富有、最具影響力的國家；那時的歐洲開始在世界經濟領域發揮主導作用；北美大部分領土或者被美洲原住民佔領，或者被歐洲殖民主義勢力控制；美國實力相對較弱，且經濟地位無足輕重。現在設想一下未來情形，中國再次成為世界上人口最多、最為富有和最具影響力的國家，歐盟成員國組建世界最大的經濟體，而美國實力更弱，經濟地位更加微不足道，美國國家及其公民該怎樣適應這樣的地位落差呢？

—工業革命—

一七五〇至一九一四

這些論據表明現代革命的因素出現在世界各地，儘管其全面影響首先表現在歐洲西北部和當今美國的東海岸地區。在大西洋地區，技術變革從十八世紀晚期開始加速。常見的標誌性變化包括引進和推廣生產效率更高的農業技術，更高效的棉紡織加工機器，蘇格蘭發明家詹姆斯・瓦特(James Watt)改良的蒸汽機以及第一列機車。到十九世紀初，人們發現不尋常的事情正在發生。一八三七年，法國革命家奧古斯特・布朗基(Auguste Blanqui,一八〇五至一八八一)宣稱英國正在進行一場「工業革命」，其意義不亞於當時剛在歐洲和美洲發起的政治革命。此時，歐洲生產力水準已經超越印度和中國兩個古代超級大國。

一八六六年，環繞著英國伍爾弗漢普頓的「黑鄉」（煤礦、焦化、鋼鐵廠的集中地）。

工業革命的三次浪潮

工業革命的技術創新呈現波浪式發展態勢。每一波都帶來了新的生產力提升技術，並將工業化進程擴展到新的區域。第一波浪潮出現在十八世紀晚期至十九世紀初期，英國發生了最具有關鍵性的變革，儘管英國引進的許多革新其實是由其他國家首創。其中最重要的變革是引入高效棉紡織機器和瓦特發明的蒸汽機。

蒸汽機是一種首次高效利用化石燃料儲能的機械，它提供了一種似乎用之不竭的廉價能源，尤其是在那些可利用煤炭的地區。蒸汽機使從礦井中抽水的工作變得更加簡單，因此快速降低了煤礦開採成本。蒸汽機與十八世紀晚期發明的新型紡織機結合，徹底改革了紡織工業這個在大多數農耕社會中位列農業之後的第二大產業。為了更加高效地利用這些新技術，企業家開始將工人集中到監控嚴密的大型生產車間，這也就是我們所熟悉的工廠。

第二波創新浪潮發生在十九世紀初期至中期。在這幾十年裡，蒸汽機被安裝在車上以製造出第一批機車。鐵路系統大幅降低了陸路運輸成本，它們對美國、俄國等大國的

進一步研究的主題

啟蒙運動｜工業化｜城市化

經濟具有特殊的革命性意義。

緊接著，對煤炭、機車、車輛、軌道的需求刺激了煤和金屬的冶煉與管理，早在十九世紀初期，這些技術就傳播到歐洲其他地方和美國。

第三波創新浪潮發生在十九世紀下半葉。工業技術在此期間傳播到北美、歐洲其他地區、俄國和日本。俄國和日本在十九世紀五〇年代至六〇年代遭受西方列強的軍事羞辱，這讓兩國政府強烈地認識到要生存就必須鼓勵工業化，因為工業實力能夠顯著增強軍事力量。鋼鐵、化工和電力是這一波工業革命期間最

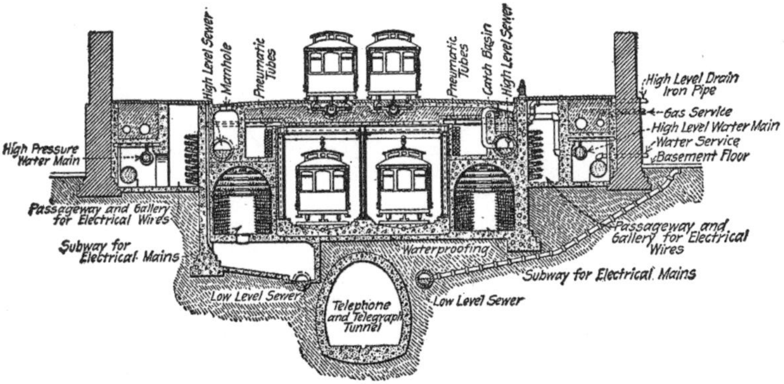

對於擁擠的城市來說，地下鐵被證實為有效率的交通方式。此為二十世紀早期芝加哥地下鐵系統的剖面圖。

重要的新技術。新型組織形式將銀行和工廠組建成大型股份制企業，其中最大一家在美國建立。在德國和美國，系統性的科學研究方法與大型企業主體都開始在技術創新中發揮重要作用，創新開始在現代政治和企業的結構體系下逐漸制度化。

到十九世紀末，在與德國和美國的競爭下，英國逐漸喪失產業主導地位。一九一三年，美國對世界國內生產總值的貢獻率占比接近百分之十九，德國占比百分之九，而英國只有百分之八多一點。

經濟發展

工業化革命的三個浪潮改變了生產力水準。從一八二〇年至一九一三年間，英國國內生產總值增長了六倍多，德國增長了九倍，美國增長了四十一倍。與此同時，英國人均國內生產總值增長了二．九倍，德國增長了三．四倍，美國增長了四．二倍。此前的人類歷史還從未見證過生產力有如此驚人的飛速發展。

世界其他國家的經濟增速沒有跟上。正好相反，工業化領先地區不斷增強的經濟和軍事實力侵蝕著印度、中國以及奧斯曼帝國的傳統農耕社會。在歐洲和其他大西洋強國的機器紡織品以低廉的價格削弱其他地區本土產品的競爭力的同時，他們現代化的軍隊也攻佔了世界大片地區。

十九世紀後期，財富和權力的地區差異急劇擴大。一八二〇年至一九一三年間，中國國內生產總值在世界的占比從百分之三十三降至百分之九，印度的占比從百分之十六降至百分之八，而英國的占比從百分之五上升至超過百分之八，美國的占比從約百分之二上升至超過百分之十九。直至十九世紀末，印度被英國統治；中國遭到歐洲、大西洋以及日本等列強的商業以及一定程度上的軍事支配；南北美洲、大洋洲大規模湧入歐洲移民；拉丁美洲的大部分地區處於歐洲的財政支配和商業統治下；非洲和東南亞的大多數國家也已劃入歐洲帝國的勢力範圍。國家之間的政治和經濟不平等像國家內部的不平等一樣引人注目，這在人類歷史上尚屬首次。全球帝國主義和第三世界也在十九世紀後期誕生了。

民主革命

經濟變革常常伴隨著深層次的社會、政治及文化變革。農耕時代的農民群體主要依靠自給自足的生活方式，但工業社會中的城市工薪收入群體，和作為雇主的企業家階層一樣，對只有國家能夠提供的法制秩序和經濟管理體系依賴度很高。隨著職責的多樣化和複雜化，各國政府也反過來更依賴於社會各階層的共同合作。這些變革正好可以解釋各國政府與其民眾之間為何反復出現激烈爭吵。最早的現代化民主政治體制在動盪不安的十八世紀下半葉誕生於美國和西歐。歷史學家羅伯特・帕爾默(Robert Palmer)將這段時期稱為「民主革命時代」。更加民主的治理方法將向更廣泛的人群賦予政治影響力，而換來的是監管的加強。例如法國大革命時期的政府開始徵募大量軍隊，採取細緻的人口普查措施，並監管工廠、辦公場所乃至家庭內部的生活。

進一步研究的主題

殖民主義｜帝國主義｜自由主義

文化變革

文化生活也發生了變革。十九世紀期間，在北美及歐洲大部分地區，大眾教育將讀寫能力傳授給大多數民眾，而新興的大眾傳媒為民眾提供大量的閱讀資訊，全面報導本國及世界各地的要事。大眾教育同新型的大眾娛樂形式一道，開始為國民共用的「民族」身份賦予現代意義。所有的宗教傳統此時都必須正視現代科學提出的挑戰，大多數傳統開始融入某些現實科學理念，並注意摒棄其他方面。十九世紀的輝煌成就提升了科學的威望，也挑戰了傳統的世界觀。

英國自然學家查爾斯·達爾文（一八〇九至一八八二）提出的進化論頗具挑戰性。它暗示生命本身可能是一種不可捉摸的力量的產物。但正是由於進化論過分依賴理性解讀，科學世界觀無法發揮傳統宗教的精神慰藉作用。這解釋了為何科學帶來的挑戰不僅沒有摧毀傳統宗教，反倒似乎促進了新型宗教運動的發展，譬如基督教的福音派。

在大西洋核心區域之外，工業革命的間接影響範圍廣、破壞性強，這是因為歐洲及北美發展壯大的政治、商業與軍事實力已經威脅到傳統的政治經濟結構，並且開始侵蝕

思想實驗

就人類歷史而言，面向全民的公共教育是非常晚近的現象。細想十九世紀的公共教育所普及的人數比以往都更多，但也沒有人們想像中那麼多。一九〇〇年，五歲至十九歲的美國人入學率僅有百分之五十一。現在設想，假如沒有公立學校和強制考勤，你通過自學能學會什麼？哪些是你無法學習的？例如，你的父母沒有受過教育，誰能教你閱讀？你可以在哪兒學習數學？你如果連基礎數學都不懂或是沒有閱讀能力，又能找到什麼工作？你認為公共教育在現代社會比在農耕時代更加重要嗎？

古代思維方式下的信仰。在世界大部分地區，人口迅速增長、土地資源短缺、稅負增加以及城鎮帶來的新機遇顛覆了鄉村生活方式。然而，正如社會主義者指出的那樣，早期工業城鎮的條件通常比鄉村更差。在工業化進程中，農民生活方式被緩慢侵蝕，以及早期工業城鎮的惡劣環境，共同營造了劍拔弩張的社會緊張局面。

處於早期工業革命核心區域外的政府機構不得不面對近乎不可能的挑戰，他們要設法追趕歐洲的經濟和軍事實力，同時又不能破壞自身政權的傳統社會和文化結構根基。過渡期必定是痛苦的經歷，因為農耕時代的主導政治形態主要建立在傳統的地主土地所有制而並非商業貿易的基礎上；然而，人們逐漸意識到工業化與商業活動緊密相關。不足為奇的是，現代政府形式的產生常常導致傳統社會結構與治理體系的劇烈崩塌。日本是少數的在不破壞傳統社會結構的前提下，成功實現向現代工業化經濟過渡的社會之一。

一九〇〇年，現代革命的眾多特徵在北大西洋核心區域已隨處可見。無論如何，世界上其他許多國家也開始感受到它在生活方式、經濟運行、政治治理和思維方式等方面的影響力。

—二十世紀危機—

一九一四至一九四五

一九一三至一九五〇年間，曾讓世界大幅改觀的經濟增長引擎似乎拋錨了。國內生產總值的世界增長率從一八七〇年至一九一三年間的年均百分之一．三減緩為一九一三年至一九五〇年間的百分之〇．九一。經濟增長的緩慢態勢影響到工業革命的所有核心區域，但這種影響在曾經的農業大國，如中國和印度，表現更為突出。這種趨勢下的明顯例外是俄國，其經濟年均增長率從沙皇晚期的百分之一．○六上升至一九一三年至一九五○年蘇聯早期的百分之一．七六。

曾經促進工業革命發展的國際金融業和貿易體系的崩潰，是導致增速減緩的部分原因。一八七○年至一九五○年間，投入國際貿易的世界生產總量比例發生實質性下滑。部分問題在於，工業化國家政府仍在探索如何最有效地實現經濟快速增長，通常他們像過往的大型農業帝國一樣，將增長視作一場零和博弈（雙方利益針鋒相對，不可能取得妥協的局面），要獲勝只能

《西線無戰事》節選

自一九二九年出版以來，《西線無戰事》一直被奉為講述戰爭中士兵個人苦難的經典小說。德國作家埃里希．馬里亞．雷馬克（Erich Maria Remarque, 一八九八至一九七○）基於第一次世界大戰期間的個人從軍體驗，寫作了這部小說。下面引用書中最意味深長的語錄：

此刻，我第一次發現，你我同病相憐。我想起你的手榴彈，你的刺刀，你的步槍；現在，我看清了你的妻子，你的面容和我們的友誼。原諒我，戰友。我們發現得太遲了。為何從未有人告訴我們，大家都是可憐人，你們的母親像我們自己的母親一樣都憂心忡忡，我們一樣都畏懼死亡，一樣都垂死掙扎，一樣的悲痛欲絕，原諒我，戰友；你怎麼會是我的敵人？

來源：Remarque,E.M.(1929).All Quiet on the Wes tern Front (A.W.Wheen,Trans.,P.223). New York.Fawcett Crest.

排擠受保護的市場中的競爭對手。十九世紀後期帝國主義的迸發就是這種競爭關係最明顯的表現形式，因為歐洲諸國盡力壟斷對他國的控制權。大國競爭關係的另一種表現形式是貿易保護主義（通過限制外國競爭對手進而保護國內生產者利益）的蔓延。第三種表現形式是共同防禦體系在歐洲的興起，它將巴爾幹半島危機演變成一場全球性戰爭。主要工業強國間的相互猜疑和競爭關係阻塞了國際交流主動脈，這對經濟增長和政治穩定造成致命打擊。

進一步研究的主題

共產主義與社會主義｜法西斯主義｜種族滅絕｜第一次世界大戰｜第二次世界大戰

一九一四年六月二十八日，奧匈帝國的王位繼承者弗朗茨·斐迪南大公遭到刺殺之後，奧地利入侵塞爾維亞，俄國介入塞爾維亞保衛戰，德國對俄國宣戰，同時將俄國的盟友英國和法國捲入戰爭。歐洲遍佈全球的殖民和商業網絡將其他國家拉入戰爭旋渦。德國在非洲、太平洋地區以及中國的殖民地被法國、英國和日本軍隊攻佔；從印度、東南亞、非洲、大洋洲和北美等殖民地和前殖民地，以及阿根廷這樣的半殖民地，軍隊和物資源源不斷地輸送至歐洲。一九一七年美國對德國宣戰。

十九世紀的軍事變革決定了第一次世界大戰將是異常血腥的戰爭。新型武器，包括機槍、坦克和飛機，而類似芥子毒氣這樣的生化武器足以灼傷受害者的五臟六腑。諷刺的是，醫療進步讓更多的兵力留在了前線，而對敵方陣地發起的突襲常常徒勞無功，士兵性命最終喪失在成千上萬機槍火炮的槍林彈雨中。現代工業國家靠掌控經濟來武裝各自的軍隊，有效發動「全面戰爭」。在戰爭大後方，女性代替男性在農場、兵工廠或鐵路上勞作，對勝利的貢獻不亞於軍隊。事實上，女性在第一次世界大戰中發揮的重要作用，成為戰後婦女選舉權迅速普及的主要因素。第一次世界大戰並非工業革命時代的第一次全面戰爭——美國內戰更配得上這個稱號——而是將工業化戰爭的驚人規模和破壞力展現得更加淋漓盡致，成為近現代史上具有實質意義的第一次全球性戰爭。

全球巨變

法國凡爾賽懲罰性和平條約的簽訂，以及戰後成立的國際聯盟的失敗，證明導致第一次世界大戰的政治對抗並未消失。一九二九年，國際貿易和金融體系最終崩潰，由此引發的經濟蕭條影響到幾乎所有的主要的資本主義強國，以及為他們提供原材料的亞洲、拉丁美洲和非洲國家。經濟大蕭條似乎印證了社會主義關於資本主義制度最終走向瓦解的預言。許多國家政府重新開始閉關自守(國家基礎上的經濟獨立與自給自足)，而之前他們卻在爭相角逐正在萎縮的世界資源和市場份額。

一九三三年，德國出現了以阿道夫·希特勒(一八八九至一九四五)為首的法西斯政權。希特勒決心挽回德國第一次世界大戰的損失，必要時進行武力征服。法西斯主義在其創始人貝尼托·墨索里尼(一八八三至一九四五)的出生地義大利氾濫，並蔓延到了西班牙、巴西以及其他地區。法西斯主義和社會主義都反映了十九世紀後期自由資本主義意識形態的深度幻滅。法西斯主義者預感國家和種族衝突時代的到來，最優越且最強大的民族定能取勝；革命社會主義者則將此衝突定義為階級鬥爭，認為資本主義和社會主義、資本家和工人勢不兩立。

俄國出現了由馬克思主義指導、決心推翻資本主義的社會主義國家，這是十九世紀資本主義瓦解的另一顯著標誌。沙皇俄國政府鼓勵工業增長，但是(與日本明治政府不同)未能在統治結構框架下成功接納實現工業化所必需的企業家。最終，城市無產階級(工人階級)的迅速壯大和貧困農民的日益增多造成了社會危機，同時由於在日俄戰爭中的軍事敗

思想實驗

一九三五年，辛克萊・路易斯（Sinclair Lewis）的小說《這種事不可能發生在這裡》（It Can't Happen Here）出版。故事主要講述了為什麼法西斯主義甚至可能出現在美國。其他虛構作品，如菲力浦・羅斯（Philip Roth）二〇〇四年的小說《反美陰謀》（The Plot Against America）呈現了類似的情景。你認為法西斯主義可能在美國最終勝出嗎？若此事發生，哪些因素是誘因，而哪些不是？

績和參與「一戰」的巨大消耗，沙俄帝國解體。傳統精英對於這場危機的反應過於被動遲緩，這讓弗拉基米爾・列寧（一八七〇至一九二四）領導的布爾什維克奪取政權，並通過一場激烈的內戰（一九一八至一九二〇）牢固掌握了政權。

布爾什維克致力於推翻世界資本主義，建立生產資料（例如土地）、銀行和所有大型企業均為集體所有的社會形態。在列寧的繼任者約瑟夫・史達林（一八七九至一九五三）執政期間，蘇聯建立了非資本主義的工業社會，使其足以對抗資本主義競爭對手。達林政府使用第一次世界大戰期間開創的管理方法，開始管控並協調整個蘇聯經濟，不讓市場力量發揮重要作用。為應對工業化和加快重整軍備進程，史達林政府建立了龐大、強力和高壓的國家機器，必要時甚至不惜採取專制行動。人們曾在一段時間內認為新體制可以匹敵主要資本主義國家的經濟及軍事實力。二十世紀三〇年代至後來的五〇年代期間，蘇聯的經濟增長速度的確比其他國家更快（由於蘇聯計劃經濟體制缺乏以市場價格為參考，我們無法進行確切的財政對比）。但由於後來市場價格逐步透明化，我們發現蘇聯為快速的工業化進程付出了慘痛的人道代價。

重整軍備

二十世紀三〇年代期間，在日益緊張的國際形勢下，世界主要強國開始重整軍備。第二次世界大戰發端於日本和德國妄圖創建各自的陸上帝國。日本於一九三一年入侵中國東北，並在一九三七年全面入侵中國；德國的擴張主義衝動促使其在一九三九年入侵波蘭之後全面發動歐洲戰爭。一九四一年，當今世界最大的經濟強國美國，在日本對珍珠港進行先發制人的襲擊後參戰。蘇聯也在遭受德國侵略後參戰。第二次世界大戰的太平洋、東亞及東南亞的戰區，與歐洲戰區一樣廣闊。但是，最終，在美國強大的經濟和軍事實力以及蘇聯非凡的協調調動能力下，同盟國終於扭轉了對軸心國（德國、日本和義大利）的戰爭形勢。第二次世界大戰比第一次世界大戰更加殘酷。近六千萬人喪生，大約占當時世界人口的百分之三。

隨著有史以來最可怕的武器原子彈的使用，戰爭宣告結束。一九四五年八月，原子彈被投放在日本的廣島和長崎兩座城市，這是人類歷史上第一次使用原子彈。（投放原子彈的B-29轟炸機飛行員保羅．蒂貝茨上校〔Paul Tibbets〕以自己母親的名字，將戰機命名為「艾諾拉．蓋伊」號〔Enola Gay〕，這顆原子彈綽號「小男孩」。）隨著對城市的空中轟炸首次成為現代戰爭的手段，第二次世界大戰中的大多數人員傷亡都是平民。戰爭的極端殘忍性的最有力的印證，可能就是希特勒的納粹黨對近六百萬猶太人進行的系統性謀殺，這就是後來廣為人知的「大屠殺」(Holocaust)。

第二次世界大戰結束之際，歐洲不再主導全球經濟體系。美國和蘇聯成為新的超級大國。他們擁有自己的盟友和附庸，各自代表著不同的現代化發展道路。隨著東

思想實驗

一九四五年，哈里．杜魯門總統決定動用原子彈結束「二戰」在太平洋地區的戰爭。想一想從杜魯門決定使用最恐怖的武器從而引起人們的爭辯開始，到後來越來越多的國家「加入」核俱樂部。現在設想一下，如果你有機會給杜魯門建議，你會提議其他選擇嗎？美國仍是世界上唯一在戰時使用核武器的國家，你認為這一史實有何重大意義？

歐大部分國家的加入及一九四九年毛澤東（一八九三至一九七六）領導的社會主義新中國的成立，社會主義陣營的規模和實力得以壯大。截至一九五〇年，世界近三分之一的人民生活在社會主義國家。在兩次世界大戰期間，歐洲以外地區的經濟增長速度更快，美國、蘇聯、日本乃至拉丁美洲地區表現尤為突出。

東南亞、印度、非洲及其他地區反殖民運動的強勢興起，揭開了終止歐洲帝國主義統治的序幕。在印度，成立於一八八五年的印度國民大會黨，成為獨立運動的強力支持者，充滿感召力和創造性的莫罕達斯·甘地（一八六九至一九四八）被推舉為領袖。在他

夏爾·戴高樂在英美勢力透過區域戰爭自德國手中解放北非後，視察駐紮在當地的軍隊。

思想實驗

許多人認為，美國青少年將大眾消費提升到了新的高度，這是從理論角度闡述大眾消費的經濟學家做夢也想不到的。商家樂於接觸青少年，他們每年花銷超過一千億美元。青少年消費確實為美國經濟注入活力。但是，許多社會科學家和媒體評論家駁斥這種觀點，他們認為我們的子女正持續受到媒體(廣告主、電視節目與網站)的擺佈，不間斷的購買行為，為成年後的超支和債務埋下了隱患。你怎麼看？有什麼論據可以支持雙方的觀點？其中一方是否更加合乎情理？我們若是接受一方觀點並反對另一方，要緊嗎？我們能否辯證地看待雙方觀點？

宣導的「非暴力不合作運動」下，英國被迫於一九四七年承認印度和巴基斯坦兩個新生國家的獨立地位。

儘管二十世紀初期資本主義國家危機四伏，但是關於資本主義滅亡的預言還為時過早。科技創新在此期間迅猛發展，內燃機投入大批量生產，飛機製造業興起，(飛機起初作為戰爭武器，後來演變為新型的商業和民用運輸方式，)紡織品、橡膠的化學替代品開始出現。這是一個屬於聲納、核能和石油的年代；同樣也是一個屬於根本性科技突破，尤其是物理學突破的年代。

其他一些進步成果同樣保障了資本主義增長引擎重新啟動，十九世紀經濟增長的強勁步伐得以延續。促進增長復甦的管理準則首先出現在美國，其中兩個方面的進步尤為重要：第一是亨利·福特（一八六三至一九四七）於一九一三年首先倡導的大規模流水生產線；第二是二十世紀二〇年代隨著普通人有機會獲得現代化商品，如汽車、電話和收音機，大眾消費主義的意義初見端倪。

購買力成就的消費主義

大眾消費主義最終解決了消費不足這個十九世紀困擾生產者的根本問題。隨著生產力的提升，一些生產商發現產品的市場行銷困難重重。至少從十九世紀七〇年代起，人們就認識到當生產力超越了市場需求時，資本主義經濟就容易受到繁榮與蕭條的週期性影響。資本主義社會的現代經濟週期相當於農耕時代的馬爾薩斯增長與衰退週期循環。但與此形成鮮明對比的是，經濟週期是生產過剩（或消費不足）引發的，而馬爾薩斯災難主要是生產不足（或消費過度）導致的。二十世紀早期，人們意識到為了保障經濟長期增長，刺激需求與市場保護前景更加廣闊。

·現代媒體史上的重大事件·

一八七〇年，超過五千家報紙在美國發行。

一八七六年，「沃森先生，快來，我需要你的說明。」貝爾發明了電話。

一八九七年，世界第一座電影院在巴黎落成。

一九〇〇年，估計有一千八百種雜誌在美國出版。

一九〇〇年，美國報刊發行總量每天超過一千五百萬份。

一九二〇年，馬可尼在英國實現了第一次短波無線電通訊。

一九二八年，電視機進入了三戶美國家庭，電視節目開播。

來源: University of Minnerso ta Meddia History Project(2007).Retrieved May 22,2007.
來自: http：//www.mediahistory.umn.edu/timeline。

然而為了促進需求增長，政府和雇主必須保證消費者錢包裡有充足的現金購買商品和服務，必須提高雇員的生活品質而不應削弱他們的收入水準。在二十世紀三〇年代的經濟蕭條時期，經濟學家約翰．梅納德．凱恩斯(John Maynard Keynes, 一八八三至一九四六)主張各國政府要振興資本主義經濟，不應該加大降薪力度，而應當採取諸如發放失業金的策略來刺激消費。其實政府已經在嘗試採取這類措施。二十世紀三〇年代，美國「新政」通過政府項目為經濟投入了大量資本，試圖通過新建道路和大壩等基礎設施，來創造就業機會並拉動消費。

對資本主義政府來說，大眾消費還有一個好處，就是削弱了一些反資本主義論述。在二十世紀，人們發現擁有日益增長的物質財富的人口，不大可能轉變為革命的無產階級，而這一階級被德國政治哲學家卡爾．馬克思視作資本主義的掘墓人。大眾消費策略是資本主義制度對抗革命的最有效手段。

危機與創新

對於眾多領域來說，一九一四年至一九四五年的危機時期，同時上演了一場知識領域的革命。愛因斯坦提出的相對論，以尼爾斯．玻爾（Niels Bohr, 一八八五至一九六二）、埃爾溫．薛定諤（Erwin Schrodinger, 一八七九至一九六一）、維爾納．海森堡（Werner Heisenberg, 一九〇一至一九七六）和馬克斯．玻恩（Max Born, 一八八二至一九七〇）為代表的科學家闡明的「量子力學」理論，駁斥了早期的機械論宇宙模式。奧地利心理學家西格蒙德．佛洛德（Sigmund

Freud，一八五六至一九三九）通過揭示無意識心理動機的重要意義，對在人類事務中理性作用的信念提出了挑戰。新型藝術形式，如電影將藝術現實主義引入了大眾文化，並激勵藝術家和作家嘗試新的、不太注重現實的表現手法，從以畫家畢卡索（一八八一至一九七三）為代表的立體主義，到詹姆斯·喬伊斯（James Joyce，一八八二至一九四一）《芬尼根守靈夜》（Finnegans Wake）的夢囈一般的語言，處處都可以看到這種嘗試的影子。

大眾文化的新技術，包括廣播、報紙尤其是電影，提供了一種新的途徑，讓我們得以影響世界各地民眾，影響觀點、態度和幻想，各國政府和廣告客戶開始逐漸重視它們的價值。

蘇聯在運用大眾傳媒傳播思想方面尤其具有創造力。新型大眾傳媒有助於培育能夠衝擊傳統高雅文化霸權的大眾文化。在工業化國家的核心區域之外，傳統宗教和藝術，如印度教和佛教的復興，開始在創新民族文化方面發揮重要作用，以對抗北大西洋區域的文化霸權。

現代歷史

一九四五年至今

第二次世界大戰之後，資本主義引擎再次轟鳴，造就了世界歷史上最快的經濟增速。世界國內生產總值年增長率從一九一三年至一九五〇年間的百分之〇．九一，上升至一九五〇年至一九七三年間的百分之二．九三，之後在一九七三年至一九九八年間降至更為適度但仍然引人矚目的百分之一．三三。

隨著市場的開拓，美國「馬歇爾計畫」提供的大規模重建援助資金，推動了全球性監管機構，如聯合國（一九四五年）和國際貨幣基金組織（一九四七年）的成立，國際經濟秩序重新恢復正常狀態，再次呈現穩定發展的趨勢。出口國際市場的商品在總產量中的比例，在一九一三年至一九五〇年間跌落之後，於一九五〇年至一九九五年間增長了三倍。先後發生在美國、歐洲國家和日本的國際貿易復蘇和大眾消費主義傳播，刺激了所有主要資本主義國家的經濟增長。在歐洲和日本首次出現了大量購買私家車、電視機、收音機的消費者，而空運成本的降低使他們去往異國度假成為可能。新一波電子技術領域的創新受到戰時科研項目的促進，引領了二十世紀八〇年代與九〇年代的電子革命。而生物技術領域的創新，包括發現去氧核糖核酸結構等，釀成了基因工程新技術的發展，其意義我們仍無法預知。

資本主義國家政府逐漸擅長通過刺激消費，以及在干預和「自由放任主義」之間尋求適度平衡的方式，來維持經濟增長。二十世紀七〇年代初期與九〇年代後期的衰落表明經濟週期仍未得到完全掌控。然而，十九世紀後期的諸多貿易保護主義幻想破滅，因為政府認識到在全球經濟高速發展的形勢下，單個國家（甚至是最強大的國家）的財富增值通常需要依賴全球經濟增長，而並非佔有受保護市場。對現代資本主義經濟和政治現實更清晰的研判，成為美國政府決心（通過「馬歇爾計畫」）資助歐洲和日本戰後重建的原因，儘管此舉意味著將昔日的敵國扶持成為商業競爭對手。

進一步研究的主題

氣候變化｜冷戰｜消費主義｜全球化

本著這種精神，加上來自於反殖民主義運動的壓力，歐洲政府放棄了他們在十九世紀後期開拓的帝國。在一九四五年後的四十年間，大約有一百個國家從其歐洲領主手中取得了獨立。另一批新興國家湧現於一九九一年蘇聯解體之後。截至二〇〇七年，聯合國已擁有一九二個成員國。

工業化進程開始延伸至十九世紀後期的工業核心區域之外，部分原因在於主要資本主義大國的積極支持。直至二十世紀九〇年代，東亞和東南亞地區經濟增長都非常迅速，其中韓國、馬來西亞、泰國、臺灣、中國香港和新加坡尤為突出，它們均受到日本增長模式的影響。

火箭與盧布

即使世界劃分為兩大主要陣營，世界經濟仍保持增長態勢。資本主義陣營和社會主義陣營在軍事、經濟和政治上相互較勁。在數十年的時間裡，這些對抗關係險些引發第三次世界大戰，而這將是一場核戰爭。然而，冷戰也是一場爭奪經濟和政治霸權的較量。雙方均認同在現代社會中，經濟增長是政治和軍事成功的關鍵。兩大集團採用了競爭方式來獲取經濟增長，而且在大約三十年時間裡，都難以明確究竟是社會主義國家的計劃經濟，還是西方國家的資本主義經濟的發展速度更快。

一九五三年史達林逝世之後，蘇聯的國民生活水準開始提高，因為繼任者將投資引向消費品和住房領域。二十世紀五〇年代，蘇聯取得了一系列成就，似乎展現了計劃經濟的技術活力。這些成就包括研製導彈、核武器，一九五七年十月蘇聯發射了第一顆空間衛星——「旅行者」號（Sputnik），一九六一年將第一位宇航員尤里·加加林（Yuri Gagarin，一九三四至一九六八）送入太空。

在隨後的二十世紀七〇年代，蘇聯經濟增速減緩，當蘇聯人得知他們的生活標準遠遠落後於主要資本主義國家時，大家的希望破滅了。雖然當大量資源被配置到大型工程時，計劃經濟確實可以實現創新，但是缺少競爭所帶來的持久壓力，無法形成資本主義世界驅動生產力提升的持續創新潮流。到二十世紀八〇年代，蘇聯經濟仍未成功引進正在徹底革新資本主義經濟和社會的新電子技術。蘇聯的領導者們知道，這個事實對蘇聯來說意味著軍事和科技災難。

蘇聯經濟的屢次失敗告訴大家許多關於現代革命驅動機制方面的知識。蘇聯的當權者們早在二十世紀五〇年代就已經知道計劃經濟固有的不足：缺乏競爭和缺少盈利動機。即使在二十世紀三〇年代，蘇聯經濟的高增長率仍主要依賴於大規模、高強制性的勞動力和資源調配，而並非效率的真正提高。八〇年代中期，新一屆領導人米哈伊爾·戈巴契夫承認，蘇聯經濟止步不前的原因在於，國家無法再像三〇年代與四〇年代那樣不停地調動新資源了。蘇聯經濟體制走向崩潰的原因在於其採用動員性的發展戰略，這與傳統農業帝國如出一轍。這種方式儘管對軍事危機行之有效，卻扼殺了創新。蘇聯計劃經濟體制的失敗從反面印證了卡爾·馬克思宣稱的「資本主義是現代化的原動力」這一論斷。

中國的適應性調整

社會主義中國是上述規律的一個明顯例外。二十世紀五〇年代，新中國政權嘗試採用史達林的方法實現工業化。但是，大躍進帶來的經濟和社會災難，「文化大革命」帶來的動亂，外加中蘇關係裂痕加深，促使中國政府放棄蘇聯式理想化的全面國有經濟體制。一九七六年，毛澤東逝世，他的繼任者再次謹慎地引入市場經濟元素，隨著企業活動在中國推進，經濟增速加快。

放眼世界各地，這段時期的經濟增長以及隨之而來的巨大變化改變了人們的生活方式。大眾教育在世界多地推廣，因此，多數國家的大多數民眾掌握了基本的讀寫能力。越來越多的民眾居住在大型城市，因為日漸改善的醫療、衛生和教育服務條件，日益增多的薪金和工作機會，都吸引著來自鄉村的人們。

這是人類歷史上，城市首次成為比鄉村更健康的地方，至少城市裡能提供清潔水源、基本衛生條件、醫療服務、交通及居民用電等基礎設施。在短短一代人（一九五五年至一九九〇年）的時間裡，人類的平均壽命從大約三十五歲提高到五十五歲，從這一驚人事實中，我們可以看出醫療衛生條件的改善。

城市化同時改變了兩性關係，因為在適應城鎮生活的家庭中，女性的薪酬收入與男性同等重要。婦女越來越多地出現在政府部門、教育、醫藥和科學領域。然而實現真正意義上的性別平等，如經濟平等，依然任重道遠。以一九九〇年的世界範圍為例，相對於每一百位同等處境的男性，約八十位女性接受過中等教育，約六十五位接受過高等教育，而僅有約六十位女性實現成功就業。

二十世紀八〇年代至九〇年代，新型電子通信技術和交通運輸的發展，使得蘇聯（及其解體後的俄國）和中國重新融入世界經濟體系，讓整個世界比以往更加緊密地聯繫在一起。這種全球一體化的新動向成為人們逐漸熟知的「全球化」。全球化趨勢促進了大多數核心工業經濟體與眾多新興工業體的經濟增長。儘管許多較貧窮的國家，尤其是部分非洲國家及拉美國家，因參與競爭的成本過高而使發展水平遠遠落後。然而無論怎樣，全球化畢竟增進了文化間的緊密聯繫。隨著電視和廣播的廣泛應用，及其在第三世界國家的普及，發達工業國家的文化規範和消費主義價值觀在世界各地隨處可見。

可口可樂文化與文化抵制

美國的影響力無可爭辯。隨著可口可樂這樣的消費品走向世界，美國的服裝、音樂、體育和娛樂風格在全球廣泛傳播，全世界無人不曉。然而，西方的影響力也同樣招致了強烈甚至暴力的抵制：世界各個國家政府及其公民都在盡力捍衛符合傳統的、根深蒂固的文化和宗教價值觀，並取得了不同程度的成功。激進的反西方主義新思潮的興起，僅僅是對抗西方價值觀日益盛行的一種表現形式。

日益突出的全球性不平等加劇了人們對西方價值觀的反抗。一九六〇年，世界最富有的百分之二十的人口，他們賺取的收入是世界最貧窮的百分之二十的人口收入的三十倍。到一九九一年，此差距擴大至六十一倍。工業化程度最高的國家取得的巨大經濟成就使工業化程度不高的國家貧困狀況更加突出，全世界的目光都聚焦到收入、醫療與教育資源、清潔水源和空氣等必需品獲取方面的不平等狀況。儘管在二十世紀工業化擴散到越來越多的國家，但在大多數情況下，其進程要麼不徹底，要麼因為咖啡或原油類等專業商品貿易發展緩慢而受限，要麼由於軍人政府腐敗經營、剝奪利潤或是挪用資金擴充軍備，並未將獲得的利潤重新投資於教育、醫療健康和保證

思想實驗

一九九九年，喜馬拉雅山區的不丹成為世界上最後一個向國民引進電視機的國家。在這個偏遠的佛教國家，有許多人害怕電視會給國家文化和公民帶來不利影響。尤其是對民眾來說，這畢竟意味著第一次廣泛接觸西方文化。不丹國王認為英國廣播公司（BBC）和美國有線電視新聞網（CNN）的新聞，將使不丹人瞭解民主的運行機制。但隨著四十六個頻道的開通，他們知曉的遠不止正在實踐中的民主。二〇〇二年，不丹見證了第一波犯罪浪潮，其中包含販賣毒品、偷竊與謀殺。倘若第一套碟形天線從未被引進，不丹是否境況更好？「兩耳不聞窗外事」是否有時也是福音？

韓國首爾市中心的一棟建築上，掛著麥當勞的看板，西方消費品的流行程度可見一斑。

持續增長的領域。

雖然現有的財富與科技可以為全人類提供基本的醫療條件、清潔的水源和充足的糧食，但在世界最貧窮的地區，仍有數百萬人死於饑荒或是傳染疾病。缺乏適當的教育和醫療服務，使愛滋病迅速蔓延，尤其是在非洲南部的一些國家，在二十世紀九〇年代中期，成年人中幾乎四分之一人口患有愛滋病。由於傳統的農村生活方式遭受人口過剩、土地所有權碎片化及廉價海外進口商品的衝擊，農民日益成為邊緣化群體。

對世界大多數地方而言，「現代化」意味著農民階層的消失，而在整個農耕時代，大多數人都屬於這一階級。東歐劇變也令許多社會主

思想實驗

你可以想像未來嗎？

想像一個你自己喜歡的未來。未來的世界和今天的世界有何不同？會有多少人生活在未來的世界？他們如何生活？他們能活多久？未來會出現一個管理全世界的超級政府嗎？還是仍舊存在大量小型的本土政府？

現在想像一個你不喜歡的未來，然後問問自己相同的問題。

最後，想像一下你設想的哪種情況才是最有可能出現的未來。真實的未來最有可能就是好與壞的混合體。別在意你的回答是對還是錯。重要的是你能夠儘自己所能，想像這些不同版本的未來世界，因為你就屬於創造未來的這一代人。

義國家倒退回第三世界。對許多人來說，直至二十一世紀初期，現代革命還是遙不可及的夢想。直接或間接地講，現代世界經濟、政治和文化上的嚴重不平等，仍很有可能繼續激起血腥的遊擊戰衝突，我們仍將見到持有現代武器的小型群體，試圖抵禦最發達的資本主義國家的文化、經濟和軍事勢力。

資源耗費殆盡

有人將世界最貧窮國家的悲慘境遇視為經濟落後的標誌，也有人將這些境況視作向整個未來世界發出的危險警告。二十世紀下半葉，人們明顯感到人口的迅速增長和資源耗費的加劇，正在向整個生物界施加新的壓力。在《陽光下的新鮮事》(Something New under the Sun)一書中，約翰．麥克尼爾(John McNeil)辯稱道，從長遠看，人類與環境的關係變化最終將成為二十世紀人類歷史上最重要的變化。

隨著城市不斷吞噬耕地和林地，普通道路和高速公路相繼侵佔更多的土地，發展中國家的農民為了維持生計持續伐林開荒，人口增長已成為影響環境的最重要因素。儘管如此，在二十世紀末期，隨著全世界城市化程度加深，受教育水準提高和服務品質改善，供養更多孩子的成本增加、需求降低，人口增長速度已明顯放緩。按照現在的情況來看，世界人口將在二十一世紀末達到峰值——九十億至一百億。

在另一方面，世界大多數地區的消費水準不斷提高。工業化已擴展至中國、印度、非洲和拉丁美洲大部分地區。隨著越來越多的消費者希望享受到和今天歐洲以及北美地區一樣高水準的物質生活，即使人口增速放緩，人類對環境的壓力也會持續增加。環境壓力的表現形式多種多樣。其他物種無法利用被人類入侵的棲息地，這樣一來，今天的物種滅絕速度已和過去六億年裡物種滅絕最快時期的速度相當。一些資源已被開發利用得接近枯竭，如魚類資源和清潔淡水。

其中最迫切的威脅，莫過於燃燒大量化石燃料對大氣層造成的影響。二氧化碳就是一種溫室氣體，這些溫室氣體可以阻擋太陽熱量到達地球，從而導致大氣層平均氣溫升高。在農耕時代，毀林造田可能已經造成全球二氧化碳濃度升高，而從工業革命開始的化石燃料燃燒，則使二氧化碳水準進一步急劇上升，從一八〇〇年的280ppm到二〇〇〇年的350ppm，到二一五〇年，可能會上升至550ppm至660ppm。對大氣層的人為干擾究竟會造成什麼後果，我們還不得而知，但這些干擾很可能會導致全球氣候系統發生重大而迅速的改變——其劇烈程度不亞於發生在上一個冰河時代末期的氣候變化。這些變化導致的洪水將淹沒許多沿海地區，使世界大部分地區的氣候模式陷入混亂，並通過改變土地的生產力動搖整個世界經濟體系。於是一些學者聲稱，由於我們這個物種擁有獨一無二的重塑世界的能力，人類已經進入了一個全新的歷史紀元——人類世。

人類憑藉一己之力成為全球地質變化的重要力量。但是直到二十世紀最後二十年，人類可能已經成為生物圈變化的主導性力量的觀點才逐漸成形。如今，許多學者辯稱，事實上，我們已經進入了一個全新的地質時代「人類世」。他們這種觀點的依據是什麼？

地質時間表是基於岩石分層，用於追蹤記錄地球歷史重大事件的系統，它包含幾個不同類型的地質時期。其中最大一級稱為「宙」（eons），如「顯生宙」（Phanerozoic），即大型生物時代，涵蓋了剛剛過去的五億四千年。其次為「代」（eras），如「新生代」（Cenozoic），即哺乳動物時代，涵蓋了剛剛過去的六千六百萬年。「代」還可以細分為「紀」（periods），如「第四（Quaternary），涵蓋了剛剛過去的二百萬年。最後，「紀」還可以再細分為「世」，其中離我們最近也最短的就是剛剛過去的「全新世」（Holocene），自上一個冰河時代末期算起，持續了大約一萬一千五百年，這是氣候異常穩定的一段時期。英國地理學家尼爾．羅伯茨（Neil Roberts）在其新書《全新世：一部環境史》（The Holocene: An Environmental History）中，為我們提供了一部可讀性極強的全新世歷史，並且可以幫助我們理解人類世這個全新概念。一部分學者開始宣稱，全新世已經結束，我們已經進入了一個全新的時代——人類世，這是一個充滿不可預知的急劇變化的混亂時代。人類世最突出的特點即是我們（現代智人）這個物種扮演的變革性角色。對於大多數現代人來說，人類對自然不斷增強的控制力，意味著生活水準的大幅度提高：更好的營養，更優越的居住和醫療保障條件，更便利的通信和更快捷的交通。但在過去的五十年裡，我們已經清楚地認識到，為了這些利益，人類付出了巨大的代價。

在現代，人類世的概念主要歸功於荷蘭氣候學家保羅．克魯岑（Paul Crutzen）。據稱在二十一世紀初的一次學術會議上，保羅．克魯岑對我們仍居住在全新世時代的論調勃然大怒，忍不住大聲呵斥：「我們不是在全新世，我們在人類世！」

儘管人類世是新近出現在地質學意義上的時間尺度，它在更宏大的時間尺度行星史上同樣引人關注，因為在近四十五億年的地球生命史中，這是第一次單個物種在塑造生物圈中扮演了關鍵性作用。而且，我們改變事物的速度非常快。歷史上也曾有過某些物種，它們對整個生物圈產生了變革性影響，如第一批可以進行光合作用的細菌（它們能進行光合作用，並開始向大氣層釋放氧氣），或者對地區環境產生重要影響。但歷史上從未有哪個單一物種，能在短短幾個世紀內改變整個生物圈。正如二〇一一年一篇論文的作者提出的，「人類世這個術語意味著：（1）地球正移出自己現有的時代，即全新世；（2）人類活動是地球移出全新世的最重要原因，也就是說，人類僅憑一己之力就已成為全球地質變化的重要力量」。

人類世的概念不僅吸引著地質學家和古生物學家，歷史學家、人類學家以及大歷史學家均對其有濃厚的興趣，因為它對我們現代智人這個物種至關重要。這種理念就是一個強大的透鏡，我們可以透過它審視歷史，進一步思考究竟是什麼使我們如此與眾不同。歷史學家可能也會認同這種理念彌足珍貴，因為它提供了一種嶄新的、更加準確的思考人類歷史紀元的方式，而在此之前，人們都模糊地將其描述為現代性。人類世的理念同時也吸引了各種全球性組織以及來自不同背景，研究人類活動對生物圈影響的專家們。保羅．克魯岑自己就曾將這個理念稱為「對世界的一個警示」。

人類的結局

一九六九年，隨著登月計畫的實現，人類小心翼翼地邁出了離開地球家園的第一步。所有這些步伐讓人類的目光聚焦於現代革命帶來的重大變化，提醒我們人類社會不斷增強的力量和複雜性是有代價的，其間伴隨著許多危險。人類現在已經擁有了摧毀自身和破壞地球的力量。我們與日俱增的力量帶來了許多我們準備不足的重要責任，地球村的高度複雜性也使人類社會可能面臨令人恐懼的崩潰，顯得愈發脆弱。與此類似，歷史上許多基於灌溉的野心勃勃的農業文明（從蘇美爾到瑪雅）也經歷過這種崩潰。但從另一方面講，當今人類社會的高度複雜性和寬廣知識範圍，也使我們有能力過渡到一種可持續的、與生物圈更加友好的關係模式。

然而，現代革命是否會催生一個能夠維持生態、經濟和政治相對穩定的新型全球系統？抑或當今時代的加速變革是否正是人類社會突然崩潰的前奏？這種崩潰是否會將人類社會重新拖回早期農耕社會低下的生產力水準？究竟哪一種情況會出現，我們還不得而知。或許，現代產業革命最深刻的悖論就是，一方面人類掌控生物圈的能力越來越強，而另一方面，我們還沒有展示出足夠能力，表明我們可以正確運用這種掌控力，使生物圈更加平衡、可持續。作為一個物種，我們真的可以掌控我們令人驚歎的創造力嗎？想知道我們人類令人歎為觀止的集體成就究竟是曇花一現還是流芳百年，我們尚需時日。

THIS FLEETING WORLD

附錄

A SHORT HISTORY OF HUMANITY

附錄A

如何在課堂使用《極簡人類史》

對於歷史教師和教育者來說，世界歷史或許是最難組織、策劃和講授的課程。要想將整部世界史置於一個焦點，且避免困擾歷史教育多年的「一個接一個了無生趣的事實」的授課陷阱，絕非易事。當然，無論在任何層面（不管是地區、國家，還是本地），能夠組織條理連貫的歷史課程（如西方文明史、美國史或者波基普西市史），都算得上是種挑戰。然而，作為曾經的歷史老師、如今仍在與現任或者未來的歷史老師積極互動的研究者，我們認為世界史和大歷史的教學問題最為突出。大多數教師可能認為，相比講授國家或地區層面的歷史，教授世界史需要填充更多的史料。相比他們處理國家或地區歷史時的情況，老師們可能缺乏一種高屋建瓴的世界歷史變革全域觀。而這種全域觀至關重要，它能為教師在講授課程時選取史料提供指引，也可以幫助他們更好地認清歷史是如何連成整體的。

我們曾專門為七十五位世界歷史教師開設了講習班，這裡發生的事情也值得我們思考。開班時，我們要求他們先用五分鐘講一個關於美國歷史的小故事。大家馬上行動起來，迅速確定熟悉的年代和事件，隨後闡釋了兩者之間的關係。大多數老師毫不費力地立刻組織了一個熟悉的故事，並通過它展示了美國的成長和發展。他們的大多數故事包含美洲原住民、歐洲人定居點的設立和殖民、獨立戰爭和憲法的確立、南北戰爭及重建、西進運動和工業化、兩次世界大戰、大蕭條及新經濟政策、冷戰、民權運動及其他現代事件。當我們要求他們再用五分鐘講一個關於西方文明的故事時，他們又立刻行動起來。這次，他們同樣很快就準備了一個有關西方歷史的故事。準備的故事大多包含兩河流域文明、古典地中海文明、中世紀時代、文藝復興、宗教改革、啟蒙運動、民族國家、大航海時代、民主革命和工業化。這些老師裡有經驗豐富的老教師，也有剛出學校的新手，但他們仿佛都手握美國歷史和西方歷史的「遠景」，並且可以隨時將其運用在講述歷史事件變遷或更低層面的歷史細節上。

然而當我們要求老師們編一個五分鐘的世界歷史小故事時，大家則反應不一。只有少數人馬上著手進行，其他老師要麼糾結於故事從何處開始，要麼坦承自己對世界某些地區或時段的歷史不甚瞭解。還有一些老師講述的是以歐洲為中心的世界歷史故事，只不過順帶提及了中國或印度。與他們講述美國歷史或西方文明史不同，老師們沒有用宏大的故事來架構他們對世界歷史的理解。由於沒有現成的歷史遠景，這些老師們的故事通常只是在敘述自己的個人感受，且深陷細節的泥沼，不知道故事中應該包括什麼，省略什麼，也不清楚歷史事件之間的聯繫。

如果我們確認歷史過程不僅僅是一場文化巡遊或一堆事實資料，那老師們就必須找到行之有效的方法，來確定這個過程應該包含哪些因素，且要在不同的文化、歷史事件和歷史事實之間，找到合乎邏輯的聯繫。以我們作為歷史教師和教師培訓者的經歷，並通過我們對歷史學習和教學的多年研究，大家開始意識到理解歷史遠景對於有意義、有邏輯的歷史教學十分重要。遺憾的是，正如其他學者指出的那樣，在供歷史老師求助的典型領域如教師培訓、國家標準、教材或課程計畫中，沒有哪個領域向老師們提供了可以講授歷史遠景的世界歷史教員，而這種歷史遠景是老師們在進行歷史課程和教學設計時必備的東西。

這就是為何我們對大衛．F．克里斯提安的闡釋性論著《極簡人類史》抱有熱烈期待的原因。通過提出一種關於「大歷史」框架的理論，《極簡人類史》為教師和其他歷史教育者提供了一種有效的工具這種工具我們和老師用起來得心應手，可以在教授世界歷史時更有邏輯地組織和講授課程。

—《極簡人類史》作為教學工具—

《極簡人類史》向大家展示了一種遠景、全景式的世界大歷史敘事，這在任何教科書、課程導讀或國家標準中都是絕無僅有的。它向歷史教師和其他各層次、各類型的教育者提供了一種設計和組織世界歷史課程的有效思維方式。通過關注一個超大規模的歷史空間，大衛．克里斯提安不僅以不到一百頁的篇幅，成功地向我們講述了一個富有邏輯的宇宙歷史故事，而且給大家展示了教師應掌握哪些技巧，來應對組織和教授世界歷史課程時遇到的各種關鍵性挑戰。

大多數的教師、教材和歷史課程都僅僅停留在國家或某個單一文明層面，很少把視野拓寬，關注更大的圖景。所以，他們大多將講授重心放在國家（或文明）的政治和文化上，這種辦法容易把世界歷史弱化成國家史或文明史的序列研究，除了偶爾會進行國別對比，強調各國的政治和文化差異外，這種方法很少注意到歷史之間的內在聯繫。《極簡人類史》則獨闢蹊徑：克里斯提安認為，世界歷史理應超越「講述這個國家或那個團體的單一歷史」，而應當關注整個人類歷史進程中，民族和國家之間的內在聯繫。用克里斯提安自己的話來說，世界歷史的目標應是講述所有民族共通的故事，因為我們同屬人類。歷史關注的焦點應是我們人類共同的故事：人類製造和分配食物的重大變化；我們如何組織人類社會；如何認識、開發我們的環境；如何經歷和應對全球範圍的危機；如何看待人口的此消彼長等。超越將單個國家或文明作為分析單元的傳統方式，《極簡人類史》將人類歷史劃分為三個重要時期：採集狩獵時期、農耕時期和現代時期。

像所有優秀的歷史學家一樣，克里斯提安為自己的觀點提供了豐富的論據和有價值的歷史細節，他的理論絕非無視歷史內容的模糊框架和空洞之談。克里斯提安正是按照歷史細節的本來用途使用它們：用來支撐和照亮人類歷史敘事，使其更加易於理解。當然，在關注遠景的同時，克里斯提安也沒有忽視學生學習世界歷史時應注意的其他層面。雖然他的歷史敘事關注的事件都非常宏觀，以至於各大文明（更不要說國家、文化和歷史人物）都難以看見，但克里斯提安在書中自始至終都堅持使用地區、國家或本地的事例來闡釋歷史的宏觀模式。

通過這種方式，《極簡人類史》也可以幫助老師們應對講授世界歷史時遇到的第二個挑戰，即幫助學生建立起大歷史和小歷史（發生在較低層面，學生更熟知的歷史事件）之間的有效聯繫。換句話說，世界歷史教師經常努力幫助學生，瞭解歷史變化的宏觀解讀和微觀解釋之間的關係。無論是學習具體歷史事件或時段的建議，還是考察結構和文化之間關係的建議，貫穿《極簡人類史》宏觀歷史敘事始終。克里斯提安提出的理念使我們可以在不同的時空維度追蹤歷史問題，可以進行比較，甚至可以通過這條道路尋找新的證據，反過來挑戰他的歷史遠景。就像攝影師需要使用多種鏡頭特寫、廣角或全景來講述圖片故事，世界歷史教師和學生也需要透過多種鏡頭來觀察世界歷史，以期盡其所能理解得更透徹。

使用《極簡人類史》設計並講授世界歷史

當我們和上述七十五位老師共同使用《極簡人類史》時，他們對此非常感興趣，聲稱本書為他們設計歷史課程提供了一個有用的框架，指引他們更好地籌備美國歷史和西方文明史課程。我們發現僅是本書目錄，就可以為老師們提供原本缺失，但卻是大家急需的關於全球歷史變化和聯繫的遠景。

但這並不是說每個人都同意克里斯提安的觀點。有些人覺得他忽視了世界各種宗教作為變革媒介的作用；有些人則針對克里斯提安的敘事中，經濟力量始終淩駕於文化智慧力量的觀點提出了質疑；其他人則對其歷史敘事中個人的缺失表示關注。的確，在克里斯提安展開歷史的這個宏大的層面，我們很難看到個人的行為和功績，對一些老師來說，這就相當於提出了關於人類媒介角色及其因果關係等歷史編纂和教學問題。儘管如此，這些不同意見並未減損本書的效用。相反，這些反對意見可以更加彰顯本書的價值，因為它們可以鼓勵教師使用或尋找歷史證據，來挑戰克里斯提安提出的觀點。

歷史教師或教師培訓者還可以通過哪些方式將《極簡人類史》作為教輔工具，幫助其提高課程設計、備課計畫和課堂授課的水準呢？下述清單是我們所做的一些初步選擇，旨在向大家展示我們如何使用這本書推動世界歷史和大歷史教學。

在不同時空層面，如何安排講授步驟

學會識別跨越時間和空間的全球模式，並能夠將這些模式和地區或當地的發展現狀結合並綜合思考，這是我們通過學習世界歷史發展起來的最重要、最關鍵的思維方式之一。通過提供宏觀性全球歷史敘事和為其他精細研究提供建設性意見，《極簡人類史》為我們準備了可以聯繫各個地理和時間層面歷史的模式和框架，使我們可以在各種歷史間觸類旁通，遊刃有餘。想設計出合適的教學模式，讓學生在不同歷史時空中自由探索是十分困難的事情，而《極簡人類史》為老師們提供了合適的方法應對這種挑戰，這可能是本書最大的價值。當然，這也是和我們合作的老師們的看法。

例如，大家可以想想《極簡人類史》是如何通過對世界三次主要工業化浪潮的簡要描述來記述工業革命的。以這種全球模式為起點，老師可以要求他們自己（及其學生）移至較低層面，近距離考察工業化進程在西歐、俄羅斯、日本等地區的實現情況。歷史的鏡頭還可以進一步拉近，以便老師讓學生仔細觀察工業化在某些殖民地(如印度)產生的影響，或讓學生觀察工業化對於各個社會性別的關係或階級關係的影響。然後，在考察完工業化在世界各地的實現情況後，老師可以讓學生回溯並重新考慮歷史遠景。

有助於創建課程和設計單元

《極簡人類史》不僅可以通過貫穿各個時空的歷史敘事技巧，幫助老師們形成關於世界歷史的縱向觀念，還可以幫助老師們形成關於歷史重大變革的橫向觀念。這樣，老師們就可以借鑒《極簡人類史》為我們提供的時代和主題劃分，為自己的課程設計斷代和主題框架。在本書的每一章，我們為人類歷史的各個轉捩點都提供了有力的論證，老師們可以利用這些論證有邏輯地劃分自己的授課時間(如單元劃分和學期劃分)。老師們還可以通過《極簡人類史》找到重要的全球性話題，如「早期城市」或「全球性網路的建立」等，用以劃分或協助評估自己的授課單元。克里斯提安對於早期城市和全球性網路的描述可以說明教師思考，學生能夠從探索這些話題得出哪些宏觀的、有價值的結論。老師們或許還可以辟出一個學習單元，專門研究早期城市或全球性網路可能包含的歷史細節。

有助於激發學生思考

許多老師希望和自己的學生一起使用《極簡人類史》，我們覺得這是個好主意。學生們同樣需要瞭解他們所學歷史的遠景，所以老師可以和學生共同合作使用《極簡人類史》，就像當初我們和老師們合作使用一樣，盡力為學生構建一幅關於人類歷史的遠景。關於老師們為何會以這種或那種方式在課程開始時使用本書，如果我們回溯本書各章開頭和結尾的內容，可以找出很多原因。這樣做可以幫助學生把自己所學的歷史細節與更大的歷史圖像聯繫起來，這種辦法反過來會幫助學生們更清楚地記憶歷史細節，並使這些細節更有意義。

我們也希望老師可以利用本書的各章內容鼓勵學生思考，激發他們去探索，對歷史進行批判性考察。比如，「可口可樂文化與文化抵制」一節，簡要討論了西方產品及價值觀廣泛傳播後，西方文化不斷上升的全球影響及其結果，這就是可以和學生們一起研究的一個很好的話題。

有助於培養見習教師

在美國，世界歷史即使不算所有學校課程中發展最快的一門學科，也肯定是社會研究課程中發展最快的一門。然而，很少有教師接受過世界歷史培訓，甚至是那些有資質可以教授世界歷史課程的老師。例如，密西根州的教師只需在美國以外的地區或歐洲，連續參加兩門歷史課程的學習，即可獲得講授世界歷史的資質。雖然《極簡人類史》無法代替我們準備世界歷史課程時的大量實質性工作，但它可以給見習老師提供一部簡約的人類史，以及許多有關世界歷史話題和資源的新想法。我們在培訓未來歷史教師時曾使用過此書，我們希望將本書與其他廣泛使用的教科書，以及世界歷史國家標準和各州標準結合、對比，以便達到更好的效果。

一結論一

很明顯，《極簡人類史》可以為教師、師資培訓者、課程設計專家和學生提供各種借鑒和應用可能，我們對此深感興奮。我們堅信，大家會找到更多富有創意的辦法使用本書，推動世界歷史教學，幫助學生更深刻、更精準地理解人類歷史這是我們共同的根本目標。

密西根大學鮑勃·貝恩（Bob Bain）

亞利桑那州立大學勞倫·麥克亞瑟·哈里斯（Lauren McArthur Harris）

鮑勃·貝恩和勞倫·麥克亞瑟·哈里斯都曾在高中任世界歷史教師，合起來擁有超過三十五年的教學經驗。兩人分別在密西根大學和亞利桑那州立大學研習世界歷史教學，並和實習教師、現任歷史教師共事合作。

附錄B

世界歷史分期

像所有的故事一樣，歷史也是有結構的，而歷史分期就是史學家們用來創建結構的一種主要手段。然而，歷史的發展天衣無縫，渾然天成，很少會自然而然地中斷，因此嘗試將整個人類歷史按照時間順序整齊地斷代一定是人為的。歷史分期總會違背複雜的歷史事實，即便是最嚴謹的斷代也不免會扭曲歷史。任何歷史分期的設計都必須在清晰、連貫、準確和真實的矛盾需求中妥協而來。

……

在世界歷史中，尋找合理的方案劃分歷史是一種挑戰，並且極其複雜，因為它試圖為所有人類社會歷史作出條理清晰的解釋。對《極簡人類史》而言，這種挑戰更大，它嘗試著用一些鮮為人知，甚至對很多世界史學家來說都陌生的尺度描述歷史。本書不可避免地犧牲一些重要的細節，因為它試圖勾勒出更大的框架。例如，書中提到農業文明的進程是一個整體，而不是特定文明社會獨有的發展史。本書選取了一個不同的歷史片段，這個片段與我們熟悉的片段相比，不分伯仲，只是不同而已。但由於它的不同，它向我們展現了一些新事物，也能給我們帶來新的啟示。也許當我們用大比例尺看待歷史時，發現的最重要的物件莫過於人性。以這種尺度，僅以這種尺度，才可能把人類的歷史軌跡作為整體看待並有所感悟。

但這樣做，我們不得不以新的方式來思考歷史分期的問題。接下來，我們會討論世界史中由歷史分期帶來的某些特殊問題，一些歷史分期的傳統方法和本書中採取的整體講述人類歷史的折衷方案。

理論運用上的問題

由於任何一種編年體都會強調過去的某些方面而忽略其他方面，所以歷史分期會產生理論運用上的問題。強調性別的史學家可能會尋找男性和女性地位及權力發生變化的歷史時期來研究（女性選舉權或早期農業社會父系社會關係的出現）；研究戰爭的史學家可能會關注武器和戰術的變化（例如火藥的使用和第一個有組織軍隊的出現）；研究宗教的史學家或許會把目標聚焦在第一個千禧年裡第一種「世界性」宗教的出現。不同的問題凸顯不同的歷史面貌，產生不同的歷史分期。換句話說，選擇歷史分期就是在人類歷史中，對孰輕孰重作出相當隨意的判斷。關注歷史中的小部分，歷史學家能避免某些挑戰，但在世界歷史上，歷史分期要求對地球上所有社會中的變化作出判斷，歷史學家在確定這些變化能達成一致意見嗎？目前的答案可能是否定的。

組織方面的問題

歷史分期也會造成嚴重的組織方面的問題。由於不同的宗教和社會都有其各自獨特的歷史軌跡，我們如何找到公平對待它們的標準呢？畢竟，在任何一個特定的歷史時期，都會產生成百上千的不同事情，那麼史學家究竟要關注哪些事情呢？這是世界歷史上一個十分敏感的問題，因為相鄰的地區或國家的發展方式相近，而相距甚遠的社會鮮有相同之處，那麼我們能因為它們同時存在，就將它們放在同一時期嗎？如果那樣的話，我們就會面臨失去世界歷史聯繫的危險。現代史的專業研究出現在歐洲，許多早已確定的歷史分期方案使歐洲歷史獨樹一幟。比如在傳統上將歐洲史分成古代史、中世紀史和現代史，但是這樣的標準在歐洲大陸以外地區毫無意義，雖然這種標準早已制定並為人熟知。無獨有偶，中國史學家長期使用動態標準為歷史記載提供框架，但這些標準在其他方面也毫無意義。比如「唐代的美洲」這種提法有何意義呢？能否找到對非洲、歐亞大陸、美洲及太平洋地區都有意義的標準呢？對於這些問題的最終解釋方案，在世界史學家之間很難達成共識。

倫理方面的問題

歷史分期會帶來倫理問題，因為它很容易暗示價值判斷。如果我們的歷史分期假設某些歷史時期較其他時期更為「先進」或「進步」，那麼這種情況尤為顯著。歐洲歷史的教科書上常會使用諸如「黑暗時代」「中世紀」「文藝復興」「科學的革命」或「民主革命時期」等標記，描述這個歷史時期時，這些標記絕不會保持中立。用過這些標記，我們大約會瞭解一段歷史：黑暗時期蒙昧落後，中世紀時期承上啟下，現代社會真正始於文藝復興。這樣的歷史體系對於不同地區和不同時期作出了價值判斷，因為它隱藏性地比較了不同地區發展的不同層次。直到現在，史學界對這樣的觀點仍有廣泛爭議，即西方社會開始現代化時，其他社會還處於早期歷史時期，需要奮起直追。有可能創建一種歷史分期體系，避免把對某個時期或地區的價值判斷強加於另一個時期或地區嗎？對於這個問題，也沒有普遍認可的答案。

技術的問題

所謂技術上的問題，我指的是由於曆法不同所引發的問題。為什麼說「哥倫布於一八九七年橫渡大西洋」聽上去這麼奇怪呢？因為我在記錄這個年代時，使用的是伊斯蘭世界而不是基督教世界的曆法。古希臘的城邦大多時候用每個統治者的年號來紀年，直到西元前四世紀，才由柏拉圖的朋友蒂邁歐提出使用一個統一的紀年系統。這個紀年系統從第一屆奧林匹克運動會舉辦當天算起，依據現代曆法（基督紀元），這一年是西元前七七六年。這些例子都證明了，編寫一部通用的曆法是一項複雜、長期、困難的工作。但是，在我描述的所有這些困難中，人們達到了邏輯合理、廣泛一致的觀點，但在曆法的使用上仍有爭議。使用基督教的曆法是不是隱含著文化帝國主義呢？我們能簡單使用縮略詞西元前或西元後（BC／AD），或是基督紀元前或當代（BCE／CE）來逃避這些指責嗎？沒有一個歷史分期的體系，能夠解決所有這些問題或是所有不同的要求。大體上如歷史作品一樣，歷史分期的框架反映了創造框架的時代，和人們的偏見與判斷，同時也反映了提出的問題以及這些問題的範圍。這意味著有一個框架能適合眾多不同的歷史範圍，並為史學家提供記錄歷史的依據。

—歷史分期的框架—

最簡單的斷代方法就是將過去分成兩個大的時代，這種方法在很多的創世故事中都出現過。這兩個時代就是創世時代和現代（如某些澳大利亞原住民的解釋），或是「衰落」前期和後期（如猶太教、基督教和伊斯蘭教教義中《創世記》的記載）。這種二元斷代法提供了一種有力方式來對比過去和現在，對當代社會抑或讚揚抑或譴責。甚至到今天，這種斷代史的蹤跡在二分法框架中依然存在，比如現代理論框架把歷史僵硬地分成所謂的「現代」和「傳統」社會。

然而大多數斷代史的框架都把過去分成很多個主要的時代，每個時代又分成多個時期。朝代的歷史通常意味著一種週期觀，即歷朝歷代都要經歷由盛及衰的過程，正如每位統治者一樣，都要經歷青年到中年再到老年的過程。在一種更為線性的觀點的構想中，所產生的歷史記載常常會把所描述的框架看作一系列獨特的時代，其中的每個時代都可能被看成一個更為龐大、更為普遍的軌跡中的一部分。在西元前八世紀時有這樣的記載，古希臘的詩人赫西俄德把歷史描述成五個偉大的時代，起初是黃金時代，人類心滿意足，像神仙一樣；接下來經歷了幾個衰落的階段，即白銀時代、青銅時代和英雄時代；最後就是赫西俄德自己所在的時代，在他看來，暴力和愚昧是這個時代的特徵。

崛起和衰落的類似模式在更近代一些的著作中再次出現，比如奧斯維德·斯賓格勒（Oswald Spengler，一八八〇至一九三六）和阿諾德·湯因比（Arnold Toynbee，一八八九至一九七五）

的著作。馬克思主義史學觀把時間順序的週期性和線性結合起來，認為人類歷史始於一個簡單而理想化的時期，即原始的共產主義時期，接下來的歷史階段具有生產力不斷提高、剝削和不公不斷出現的特徵。但是當馬克思主義的歷史框架發展到頂點時，高度發達的生產力會解決所有矛盾，從而「回到」第一階段的平均主義社會。

現代社會大部分斷代史框架都呈現出線性的特徵，這些框架受到考古學家和人類學家著作的極大影響，他們比歷史學家更急於建構斷代史，以涵蓋所有人類歷史，因為考古學家不同於歷史學家，他們主要處理物質形態的手工製品，所以圍繞物質文化方面建構斷代史是再自然不過的了。另外從大的範圍上看，這些斷代史清楚地指明了歷史的線性變化。十九世紀的丹麥考古學家湯姆森（Christian Thomsen，一七八八至一八六五）和沃爾索（Jens Worsaae，一八二一至一八八五）構建了一個由三個時代組成的框架，即石器時代、青銅器時代和鐵器時代，這一框架對史前研究仍然有一定的影響。二十世紀，戈登·柴爾德（G. Gordon Childe，一八九二至一九五七）從重要的技術意味著生產方式和社會結構的變化這一馬克思主義史觀出發，主張人類史前歷史的轉捩點來自於技術和社會層面。他強調最重要的是農業的出現（即新石器時代的革命）和城邦的出現（即城市革命）。十九世紀的人類學家，如路易士・亨利・摩爾根（Lewis Henry Morgan，一八一八至一八八一）和愛德華・泰勒（Edward Tylor，一八三二至一九一七）提出了相似框架，即不同的社會結構出現在從「蒙昧」到「野蠻」再到「文明」這一漸進運動中，而不同的時代是由不同的社會結構區分開來的。

在二十世紀晚期，歷史學家、人類學家和考古學家對運用框架的危害性越來越敏感，這種框架意味著對價值觀作出輕率的判斷。雖然大部分斷代史的現代框架保留了歷史的指向性，但專家們通常會抵制要麼進步、要麼衰落這種方向性的假設。大多數斷代史的現代框架，在極大範圍上仍主要綜合了技術和社會學的因素來區分不同時代。這種傳統及其根源可追溯到有記載的最早期的歷史。早在西元前三千多年，蘇美爾人的《吉爾伽美什史詩》通過對比城邦中的英雄武士吉爾伽美什和他那來自蠻荒之地的好朋友恩奇都，來說明不同的技術意味著不同的生活方式，不同的道德體系以及不同類型的政治、社會行為。馬克思把這種對歷史的深刻認識正式地寫進了「生產方式」的概念中。它為應對斷代史的挑戰提供了最好的辯解，那就是基礎性技術決定人類社會的方方面面，包括生活水準、人口增長、兩性關係、政治結構、關於宇宙的想法、社會、神明甚至至歷史變化的節奏和本質。

世界歷史斷代

以下的框架也取決於技術和社會的發展，它從整體上把人類歷史斷代成三部分，根據地域的不同，在每段大分期中又有從屬時期。當然，由於各種不同的目標，這個總的結構是一個不盡完美的折衷方案，但它反映了世界史的現代著作中，一個合理而廣泛的共識。

這三個主要時代始於「採集狩獵時代」，這是距今最遙遠的時代，人類在地球上生活的超過百分之九十五的時間都處於這個時代；接下來是「農耕時代」，持續了近一萬多年；最後是「近現代」，距今時間最短，目前已經歷了二百五十年。在曾經生活在地球上的所有一千億人中，大約百分之十二生活在採集狩獵時代，百分之六十八生活在農耕時代，剩下百分之二十生活在近現代。人類預期壽命在近現代大幅增長，這意味著如果統計所有人生活過的總年數，現代人占比接近百分之三十，農耕時代的總生活年數占比超過百分之六十，而採集狩獵時代的相應比例不超過百分之十。

正如所有的斷代史框架一樣，我們需要意識到某個斷代史的局限性和它的優勢。這

·世界歷史的三大主要時代·

主要時代	從屬時期
採集狩獵時代 距今二十五萬至十萬年 人類社會主要依賴於採集狩獵的生活方式	距今二十五萬至一萬年 起源於非洲
	距今十萬至一萬年 全球遷徙
農耕時代 西元前八千年至西元一七五〇年 （距今一萬至二五〇年） 人類社會主要依賴於農業生產	西元前八千至前三千年 （距今一萬至五千年） 城市出現之前的農業社會
	西元前三千至前五百年 農業社會、最早的城市和國家
	西元前五百年至西元一〇〇〇年 農業、城市與帝國
	西元一〇〇〇至一七五〇年 現代革命前夕的農業社會
近現代 一七五〇年至今 人類社會主要依賴於現代工業技術	一七五〇至一九一四年 工業革命
	一九一四至一九四五年 二十世紀危機
	一九四五年至今 當代社會

裡採用的方案是以技術的根本變革為基礎構建框架的。第一個獨特的人類社會的出現依賴於採集狩獵；農業和社會的出現主要取決於農業生產；最後就是現代工業社會的出現。

這個方案對第一和第三時代結構方面的劃分尚可接受。一萬年前，所有人類社會依賴於技術，這一主張是合理的，這些技術被寬泛地描述為採集狩獵，這樣概括人類社會是有益的。然而，至今採集狩獵社會在世界的許多地方仍然存在，所以如果我們要更加準確地定義第一時代的話，我們可以說整個人類社會都依賴於採集狩獵。現代也是一樣，提供一個總體的歷史劃分框架相對簡單，因為世界上的任何部分都相互聯繫，並且受到同一推動力和影響力的支配。所以我們可以把現代定義成近兩三百年的深刻技術變革，帶來世界上所有社會形態翻天覆地的變化的時代。這個時代中的次級歷史分期，表現出現代社會關於一些最重要的轉變達成的一個廣泛（但絕非普遍）的共識。

農耕時代（距今大約一萬年至二五〇〇年）的結構劃分是最棘手的。這個時代為大量歷史著作提供了素材，整個時代最為多樣化，沒有任何標記能充分地捕捉這種多樣性。歐亞非大陸、美洲和太平洋世界的歷史在完全獨立的舞臺上演。在歐亞大陸的某些地方，農業社會早在一萬年前就出現了；在美洲，所有社會依賴於採集狩獵已經長達幾千年；而在澳洲，農業社會直到現代才出現。因此，定義這一時代的最佳方式就是把它描述成：農業首先開始在世界的一些地區對人類社會產生重要影響。但是時間上的巨大差異意味著在這個大時代中，選擇靈活的從屬時期是至關重要的。我們這裡採取的方案說明我們已經意識到，在農業社會的歷史中有四大階段。這些階段發生在不同地區、不同時間。在第一階段中存在著農耕社會群落，但是沒有真正意義上的城市和國家；在第二階段中存在著城市，早期形式的國家和帝國；第三階段以更龐大、聯繫更緊密的城市和國家為特徵；回顧歷史，第四階段可以這樣定義，在西元一〇〇〇年至一七五〇年之間，世界處於轉型的邊緣，而這次轉型比以往人類歷史中的任何一次都更具革命性。

以往斷代史框架解決倫理道德問題的最好方法，就是簡單地照顧表述和稱謂，並牢記所有歷史分期都是有幾分隨意性的。這裡使用的表述方法，並不意味著對社會的不同形態或人類歷史的不同時期作出優劣判斷，但這種斷代方式能清晰地呈現出某種軌跡。從整個範圍上看，人類歷史存在指向性是毫無疑問的。採集狩獵社會、農業社會、現代社會從時間上看並不是隨意出現的，而是有著清晰的時間順序。這種時間順序的潛在邏輯性，反映了人類和環境之間的關係變化。從大的時間順序上看，人類改變技術，用於生產出越來越多的能源、食物以及其他資源，從而保人口增長，這一過程反過來會促進一個更龐大而複雜的社會的產生。這些技術先進、人口眾多的較大型社會，與生產力低下的較小社會接觸時總會佔據優勢。人類歷史的形態是存在的，建構某種全球性的歷史框架也是必要的。

延伸閱讀

· Bentley, J.H.（1996）.「Cross-cultural interaction and periodization in world history.」American Historical Review, 101, 749-756.

· Dunn, R.E.（Ed.）.（2000）. The New World History: A Teacher’s Companion. Boston & New York: Bedford.

· Green, W.A.（1992）.「Periodization in European and world history.」Journal of World History, 3（1）, 13-53.

· Livi-Bacci, M.（1992）. A Concise History of World Population. Oxford, UK: Blackwell.

· Long, T.（2005）.「Periodization, Conceptions of.」In W. H. McNeill（Ed.）, Berkshire Encyclopedia of World History（Vol.4, pp.1458-1462）. Great Barrington, MA: Berkshire Publishing Group.

附錄C

參考文獻

下表極具選擇性地列出了一些世界歷史的材料，主要關注寫作《極簡人類史》時用到的資料。目前，關於世界歷史已經有大量著作問世，並且品質也在不斷提高。

……

參考文獻

· Anderson, B. S., & Zinsser, J. P.（2000）. A History of Their Own: Women in Europe from Prehistory to the Present (2Nd Ed.). New York: Oxford University Press.

· Bairoch, P. (1988). Cities and Economic Development: From the Dawn of History to the Present. Chicago: University of Chicago Press.

· Barber, E. W. (1994). Women' s Work: The First 20, 000 Years: Women, Cloth and Society in Early Times. New York: W. W. Norton.

· Bayly, C. A. (2004). The Birth of the Modern World 1780-1914. Oxford, Uk: Blackwell.

· Bentley, J. H. (1993). Old World Encounters: Cross-Cultural Contacts and Exchanges in Pre-Modern Times. New York: Oxford University Press

· Bentley, J. H., & Ziegler, H. F. (1999). Traditions and Encounters: A Global Perspective on the Past. Boston: Mcgraw-Hill.

· Brown, C. S. (2007). Big History: From the Big Bang to the Present. New York: The New Press.

· Bulliet, R., Crossley, P. K., Headrick, D. R., Hirsch, S. W., Johnson, L. L., & Northrup, D. (2001). The Earth and Its Peoples: A Global History (2Nd Ed.).

· Boston: Houghton Miffl In. Burenhult, G. (Ed.). (1993-1995). The Illustrated History of Mankind (Vols. 1-4). St. Lucia, Australia: University of Queensland Press.

· Christian, D., Brown, C., & Benjamin, C. (2013). Big History:Between Nothing and Everything. Columbus, Oh: Mcgraw Hill.

· Christian, D.（2004）. Maps of Time: An Introduction to Big History. Berkeley and Los Angeles: University of California Press.

· Cohen, M.（1977）. The Food Crisis in Prehistory. New Haven, Ct: Yale University Press.

· Cohen, M.（1989）. Health and the Rise of Civilization. New Haven, Ct: Yale University Press.

· Davies, R. W., Harrison, M., & Wheatcroft, S. G.（Eds.）.（1994）. The Economic Transformation of the Soviet Union, 1913-1945. Cambridge, Uk: Cambridge University Press.

· Diamond, J.（1998）. Guns, Germs, and Steel: The Fates of Human Societies. London: Vintage.

· Diamond, J.（2004）. Collapse: How Societies Choose to Fail Or Succeed. New York: Viking.

· Ehret, C.（2002）. The Civilizations of Africa: A History to 1800. Charlottesville: University Press of Virginia.

· Fagan, B. M.（2006）. People of the Earth: An Introduction to World Prehistory（12Th Ed.）. Upper Saddle River, Nj: Prentice Hall.

· Fernandez-Armesto, F.（2007）. The World: A History. Upper Saddle River, Nj: Pearson/Prentice Hall.

· Flannery, T.（1995）. The Future Eaters: An Ecological History of the Australasian Lands and Peoples. Port Melbourne, Australia: Reed Books.

· Flood, J.（1983）. Archaeology of the Dreamtime: The Story of Prehistoric Australia and Her People. Sydney, Australia: Collins.

· Frank, A. G. (1998). Reorient: Global Economy in the Asian Age. Berkeley and Los Angeles: University of California Press.

· Headrick, D. R. (1990). Technological Change. in B. L. Turner, W. C. Clark, R. W. Kates, J. F. Richards, J. T. Mathews, & W. B. Meyer. (Eds.), The Earth as Transformed by Human Action: Global and Regional Changes in the Biosphere over the Past 300 Years(Pp. 55-67). Cambridge, Uk: Cambridge University Press.

· Heiser, C. B. (1990). Seed to Civilization: The Story of Food. Cambridge, Ma: Harvard University Press.

· Hobsbawm, E. J. (1962). The Age of Revolution, 1789-1848. New York: New American Library.

· Hobsbawm, E. J. (1977). The Age of Capital. London: Abacus.

· Hobsbawm, E. J. (1987). The Age of Empire. London: Weidenfeld & Nicolson.

· Hobsbawm, E. J. (1994). The Age of Extremes. London: Weidenfeld & Nicolson.

· Johnson, A. W., & Earle, T. (2000). The Evolution of Human Societies(2Nd Ed.). Stanford, Ca: Stanford University Press.

· Jones, R. (1969). Fire-Stick Farming. Australian Natural History, 16(7), 224-228.

· Klein, R. G. (1999). The Human Career: Human Biological and Cultural Origins (2Nd Ed.). Chicago: University of Chicago Press.

· Kolbert, E. (2014). The Sixth Extinction. New York: Henry Holt.

· Kolbert, E. (2006). Field Notes from A Catastrophe: Man, Nature, and Climate Change. New York: Bloomsbury Usa.

· Ladurie, E. L. (1974). The Peasants of Languedoc(J. Day, Trans.). Urbana: University of Illinois Press.

· Livi-Bacci, M. (1992). A Concise History of World Population. Oxford, Uk: Blackwell.

· Maddison, A. (2001). The World Economy: A Millennial Perspective. Paris: Oecd.

· Marks, R. B. (2002). The Origins of the Modern World: A Global and Ecological Narrative. Oxford, Uk: Rowman & Littlefi Eld.

· Mcbrearty, S., & Brooks, A. S. (2000). The Revolution That Wasn. T: A New Interpretation of the Origin of Modern Human Behavior. Journal of Human Evolution, 39(5), 453-563.

· Mcneill, J. R. (2000). Something New Under the Sun: An Environmental History of the Twentieth-Century World. New York: W. W. Norton.

· Mcneill, J. R., & Mcneill, W. H. (2003). The Human Web: A Bird. S-Eye View of World History. New York: W. W. Norton.

· Mcneill, W. H. (1977). Plagues and People. Oxford, Uk: Blackwell.

· Mcneill, W. H. (1982). The Pursuit of Power: Technology, Armed Force and Society Since A. D. 1000. Oxford, Uk: Blackwell.

· Mcneill, W. H. (Senior Ed.), Bentley, J. H., Christian, D., Levinson, D., Mcneill, J. R., Roupp, H., Zinsser, J. P. (Eds.). (2005). Berkshire Encyclopedia of World History. Great Barrington, Ma: Berkshire Publishing Group.

· Mears, J. (2001). Agricultural Origins in Global Perspective. in M. Adas(Ed.), Agricultural and Pastoral Societies in Ancient and Classical History(Pp. 36-70). Philadelphia: Temple University Press.

· Palmer, R. (1959-1964). The Age of the Democratic Revolution: A Political History of Europe and America, 1760-1800(Vols. 1-2). Princeton, Nj: Princeton University Press.

· Piperno, D. R., & Pearsall, D. M. (1998). The Origins of Agriculture in the Lowland Neotropics. London: Academic Press.

· Pomeranz, K. (2000). The Great Divergence: China, Europe, and the Making of the Modern World Economy. Princeton, Nj: Princeton University Press.

· Pomeranz, K., & Topik, S. (1999). The World Trade Created: Culture, Society and the World Economy, 1400 to the Present.

· Armonk, Ny: M. E. Sharpe.

· Population Reference Bureau. (N. D.). Human Population: Fundamentals of Growth, Patterns of World Urbanization.Retrieved August 27, 2004, from Http: //Www.Prb.Org/Content/Navigationmenu/Prb/Educators/Human_population/Urbanization2/Patterns_of_world_urbanization1.Htm

· Richerson, P. T., & Boyd, R. (2004). Not By Genes Alone: How Culture Transformed Human Evolution. Chicago: University of Chicago Press.

· Roberts, N. (1998). The Holocene: An Environmental History (2Nd Ed.). Oxford, Uk: Blackwell.

· Sahlins, M. (1972). Stone Age Economics. London: Tavistock.

· Sherratt, A. (1981). Plough and Pastoralism: Aspects of the Secondary Products Revolution. in I. Hodder, G. Isaac, & N. Hammond (Eds.), Patterns of the Past (Pp. 261-305). Cambridge, Uk: Cambridge University Press

· Sherratt, A. (1997). The Secondary Exploitation of Animals in the Old World. World Archaeology, 15 (1), 90-104.

· Smith, B. D. (1995). The Emergence of Agriculture. New York: Scientifi C American Library.

· Spier, F. (2011). Big History and The Future of Humanity. Hoboken, Nj: Wiley Blackwell.

· Taagepera, R. (1978). Size and Duration of Empires: Growth-Decline Curves, 3000 to 600 Bc. Social Science Research, 7, 180-196.

· Taagepera, R. (1978). Size and Duration of Empires: Systematics of Size. Social Science Research, 7, 108-127.

· Taagepera, R. (1979). Size and Duration of Empires: Growth-Decline Curves, 600 Bc to 600 Ad. Social Science Research, 3, 115-138.

· Taagepera, R. (1997). Expansion and Contraction Patterns of Large Polities: Context For Russia. International Studies Quarterly, 41 (3), 475-504.

· Weatherford, J.（2004）. Genghis Khan and the Making of the Modern World. New York: Crown.

· Wolf, E. R.（1982）. Europe and the People Without History. Berkeley and Los Angeles: University of California Press.

· Wong, R. B.（1997）. China Transformed: Historical Change and the Limits of European Experience. Ithaca, Ny: Cornell University Press.

· World Development Indicators.（2002）. Washington, Dc: World Bank.

網路資源

· Big History Project: https://www. bighistoryproject.com

· Bridging World History: http://www. learner.org/channel/courses/worldhistory

· Chronozoom: http://www.chronozoom.com/

· Cosmos:a Spacetime Odyssey: http://www.cosmosontv.com/

· The History Channel: http://www.history.com/shows/big-history

· International Big History Association: http://ibhanet.org/

· Nasa:the Scale of the Universe 2: http://apod:nasa:gov/apod/ap120312.html

· Welcome to the Anthropocene: http://www. anthropocene.info/en/home

· World History Connected: http://worldhistoryconnected.press.uiuc.edu/

· World History For Us All: http://worldhistoryforusall.sdsu.edu/dev/default.htm

致謝

我希望感謝幾位研究世界歷史的同事為本書初稿提出的建議和批評意見。他們包括《寶庫山世界歷史百科全書》的編輯威廉・麥克尼爾、傑瑞・本特利、卡倫・克里斯滕森（Karen Christensen）、大衛・利維森（David Levinson）、約翰・麥克尼爾、海蒂・露普（Heidi Roupp）和裘蒂斯・金澤（Judith Zinsser）。我尤其感謝威廉・麥克尼爾，他幾十年來一直堅持以學者的嚴謹和作家的權威從事宏觀歷史寫作。我還要感謝羅斯・唐恩（Ross Dunn）、泰瑞・伯克以及「你我的世界歷史」團隊全體成員，儘管我們對於WHFUA網站的討論激烈、複雜、困難，但它們都十分有趣、新穎。這些討論幫助我釐清了人類歷史大體形態。我還要感謝妻子恰迪（Chardi）對本書及我的整個研究生涯的一貫支持。最後，作者還要對寶庫山出版集團的各位同仁表示感謝，感謝他們在《極簡人類史》的幾次印刷中對本書的指導和監督。

國家圖書館出版品預行編目(CIP)資料

極簡人類史：從宇宙大爆炸到21世紀 / 大衛·克里斯提安(David Christian)著；王睿譯. -- 初版. -- 新北市：遠足文化，2017.05 --（通識課；11）
譯自：This fleeting world : a short history of humanity
ISBN 978-986-94704-3-8（平裝）
1. 世界史 2. 文明史

711　　106006070

通識課 11

極簡人類史

從宇宙大爆炸到21世紀

This Fleeting World：A Short History of Humanity

作者——大衛·克里斯提安（David Christian）
譯者——王睿
總編輯——郭昕詠
副主編——賴虹伶
編輯——王凱林、徐昉驊、陳柔君
通路行銷—何冠龍
封面設計—霧室
排版——簡單瑛設

社長——郭重興
發行人兼
出版總監—曾大福
出版者——遠足文化事業股份有限公司
地址——231 新北市新店區民權路 108-2 號 9 樓
電話——(02)2218-1417
傳真——(02)2218-1142
電郵——service@sinobooks.com.tw
郵撥帳號—19504465
客服專線—0800-221-029
部落格——http://777walkers.blogspot.com/
網址——http://www.bookrep.com.tw
法律顧問—華洋法律事務所　蘇文生律師
印製——成陽印刷股份有限公司

初版一刷　2017 年 05 月
Printed in Taiwan